臨床現場における
パーソン・センタード・セラピーの
実務

把握感 sense of gripと中核条件

中田行重

創元社

はじめに

この本を手にしてくださって有難うございます。ロジャーズ（Rogers, C. R.）の心理療法論は非指示的療法から始まり、クライエント中心療法、そしてパーソン・センタード・セラピーへと発展しました。今も「クライエント中心療法」という語が使われることがありますが、本書では西欧の大勢に倣い（Sanders, 2003/2007）、ロジャーズ以後の発展も含めたロジャーズ派全体の心理療法の学派という意味で「パーソン・センタード・セラピー（ＰＣＴ）」という語を用いています。その中でも本書が焦点を当てるのは、フォーカシングのような技法を用いない対話系のＰＣＴです。

ＰＣＴは現在、西欧でも日本でも非常に影が薄くなっています。いくつか理由がありますが、一つには認知行動療法（ＣＢＴ）が心理療法を独占しつつあるということです。そのため、世界的にもＰＣＴに限らず多くの学派が保険や就職ポスト、人事、研究費の点で圧迫を受けています。わが国でも同じ状況が進む兆しが見えます。また、医療パラダイムのＣＢＴは医療との相性の良さゆえに、厚生労働省が管理している公認心理師制度のもとで一層大事にされることが予想されますが、ＰＣＴはその反対に医療パラダイムでないことが不利に働きそうなのです。ＰＣＴはこのように衰退しているのですが、これはまずい方向に向かっている、と私は思います。

今日の社会では「個人の尊重」や「共感」、「受容」などロジャーズが七〇年も前に主張し続けた概念が日々のニュースの中で頻繁に出てきます。それは、当時のロジャーズが感じていた人間関係やコミュニケーションの問題が現代的な色合いを帯びて一層悪い方向に進んでいることと同時に、これらの概念の重要性が高まっていることを意味していると思います。

また、現代の社会は便利さ、速さが消費生活の価値基準となり、必要なものだけをインターネット上でピックアップして買うということが普通になってきました。これは人と人の触れ合いの機会を減らし、人々が孤立化する傾向と相関しているのですが、何と心理臨床の現場や研修においても症状別、領域別に〝〇〇への対応〟という形の実践やプログラムが組まれるのが普通のことになりました。そのような心理臨床や研修も必要なことは承知しています。そして、対象・疾患別に「引きこもりの家族支援」、「心的外傷への心理療法」、「うつ病のクライエントへの復職支援」などの定式化された対応方法を知っているのはいかにも専門家的に見えます。しかし、その場合にセラピストが注目するのは問題（主訴、症状など）の種類であって、クライエントその人ではありません。心理臨床のパラダイムが非人間化してきているのです。

人を見ずに視野を狭くして処理を速めようとするのは心理臨床だけでなく、社会全体の傾向です。企業でも教育場面でも親子関係でもその傾向が溢れています。クライエントの中にはそうした社会の中で、営業成績やミスの数のような面だけで評価されて、心を病んで来談する人が少なくありません。現在、ＳＮＳで呟いたり、写真を載せたりするのが流行っているのは、一面しか見てもらえない社会の中で自分という人間の別の面を見てほしいという渇望が蔓延しているのでしょう。この問題にはこの方法、という定式が決まっていて、その通りに物事を処理するのならば、もうそこには人としてのクライエントもセラピストもいません。処理するだけならＡＩのほうが正確です。おそらく、対人援助職の中にもＡＩにとって代われる職があるでしょう。一面しか見てもらえないことに苦しさを感じるクライエントが多くいる時代に、対人援助職が人を見ないでいいのでしょうか？

医療が症状・疾患に注目するのは当然です。診断は一人の人間の営みの全体の中からその病気に関係する重要な情報に注目することで治療の効率を高めようとするのです。それは重要なパラダイムであり、医療がそれを採用しているのは十分理解できます。心理療法の中にも医療パラダイムの心理療法があっても良いと思います。人間の持つ幅広い側面を考えると心理臨床の方法の中に医療パラダイムもあり得るからです。しかし、臨床心理学の発展の大きな側面の一つは精神医学からの独立の歴史です。現在の心理臨床の業界における医療パラダイムへの偏りは臨床心理学としては明らかに後退です。

ロジャーズは〝患者 patient〟ではなく〝クライエント client〟という語を用いたり、診断不要論を提示したりするなど、医療パラダイムから脱却して心理的成長パラダイムを打ち立てました。密室で何をやっているか分からない、と言われていた心理療法を録音して、本格的な実証研究を始めました。シカゴカウンセリングセンターは医療法違反だ！　との医者からの訴えを退けました。ロジャーズがいなかったら「カウンセラー」とか「セラピスト」とか「clinical psychologist」などの職種が今ほど活躍することはなかったでしょう。ですから、今でもロジャーズが米国の心理療法家の中でトップクラスの尊敬を集めているのは当然です。そして、彼のＰＣＴというアプローチは彼以後も医療とは異なる援助法であることを、常に意識しながら発展してきた援助論の体系です。

現代社会における人々の孤立化という様相とＣＢＴ支配による心理療法のモノトーン化、心理臨床業界の全般的な医療化という状況において心理臨床を再度、医療とは異なるパラダイムのアプローチとして立て直す必要があります。ＰＣＴの関係者ならば自分たちのＰＣＴを立て直すことが重要な貢献になると思いますし、他学派の専門家もそれを課題とすべきと思います。

ロジャーズはセラピーで何が最も働くのかを知っているのは専門家ではなくクライエントその人である、と考えました。この見解に対してナイーブだという侮辱や批判があります。しかし現在、当事者研究やオープン・ダイアログなどに多くの注目が集まるようになっているのは、ロジャーズと同様の考え方がようやくほかでも認識され始めているからでしょう。数多くある心理療法の中でクライエントをセラピーという協働作業における代表者あるいは当事者として参加してもらうという、きわめて現代的な考え方がPCTの実践の諸所の側面にあるのです。心理療法の古典と言われるPCTは、現代という時代状況の中で医療パラダイムと異なる心理固有のパラダイムとして、希少な価値を持っています。

ところで、私はこの本を書くかどうか長いこと迷っていました。第一章でも書きますが、実はこの迷いは「個人の尊重」というPCTの真ん中にある価値観に絡むからです。しかし、PCTの実務の実際をやはり自分の言葉で伝える必要がある、と心を決めました。現在、心理臨床を学ぶ多くの人にとってPCTとは「共感と受容、自己一致」という言葉をただ丸暗記する以外に勉強する価値がない理論になっているらしいのです。PCTの実務を言葉で伝える必要性を私が考え始めたのは、PCTに関心を持つ数少ない若い人たちから「ロジャーズって、エコラリア（反響言語）すればいいんですよね？」とか「共感ってどうするんですか？」と尋ねられたことがきっかけです。関心を持つこういう若い人を大事にしたいと思いました。ところが、PCTはなかなか言語で伝えにくく、文献や研修の場が少ないのです。現場の心理臨床に役立つ技法を求める人は、具体的実践の方法 doing が分かりづらいと感じていることでしょう。PCTをオリエンテーションとしてセラピーのキャリアを始めた人でも、他学派、特に精神分析に移ってしまう人が少なくないのはそのためだろうと思います。

そう考えてくると、ＰＣＴを立て直す一つの方策として、中核条件を心理臨床の実務doingへとつなぐ具体論を示すことが必要だと思いました。とは言っても、私は今も学び続けているので私の考えは未完成です。しかし、指導者と見られる一人として、上述のような具体論を教えてほしいと質問される一人として、そして現代社会におけるＰＣＴの意義を感じている一人として、未完成であっても考えを著すのは自分の責任だと思いました。

ですので、本書はそのような質問をしそうな読者を想定しています。心理臨床に実際に携わり、ロジャーズやジェンドリン（Gendlin, E. T.）の理論やフォーカシングなどをある程度は読み、体験していて、それを面接中に少しでも実践するにはどうしたらいいか、と考えているような読者です。中核条件の名前しか知らないというような方は、少なくとももう少し基本を勉強してからでないと、本書でお伝えしたいことを理解しにくいかもしれません。ロジャーズやジェンドリンの原著の翻訳や優れた解説本はたくさん出版されていますので、それらをご利用ください。巻末の文献一覧で一部紹介しています。

本書は中核条件と現場の実務をリンクさせ、そこに読者個人の体験が実務に少しでも結びつくようにと願いながら、その実務上の感触を伝えることに注力して書きました。しかし、本書は読むだけでうまくなるような器用な本ではありません。本文中にも書いていますが、ＰＣＴはセッションを離れた普段の生活における訓練が不可欠です。また、ＰＣＴに携わるセラピスト個人の「個」が極めて大事です。個性豊かなＰＣＴのセラピストが生まれてくることに本書が少しでも役に立てるようだったら嬉しく思います。

なお、本書の中で事例を紹介していますが、個人情報を守るために個人が特定されないレベルの大雑把な記述にとどめたり、いくつかの事例を混ぜ合わせたりしています。つまり、全ては架空の事例です。

本書は多くの方の支えがあって執筆できました。多くの人が頭に浮かび、書ききれないのが申し訳ないのですが、特に思うのは学部生時代から指導教員としてずっと見守ってくださり、ロジャーズ派の存続の危機感を共有してくださっている村山正治先生に自分なりのＰＣＴの実務をお伝えしたい気持ちがありました。また、「中田さんにしかできないカウンセリングを」と言って、それを探すのにスーパーバイザーとして鋭い刺激を与え続けてくださった神田橋條治先生に今の自分をお知らせしたい思いもありました。今もこのお二人からいただいた教えをポケットに携えて心理臨床を実践し、教えています。実際、「これは村山先生（あるいは神田橋先生）からはこんな風に教わったのを思い出したんだけど、それはあんたに合うかなあ」などと言いながらスーパービジョンすることがよくあります。このお二人が私に伝えてくださったものは膨大で、しかも貴重なものばかりなので、それを次の世代に伝えておくのは教わった私の責任です。ただ、お二人からの教えをそのまま伝えるのであれば私が本を書く意味はありません。しかし、教わったことが自分の中で消化、ブレンドされ、少し違う味になったかなと思えるので、書くことにしました。また、そのほかにも多くの先生や学生さん、スーパーバイジーから貴重なフィードバックをもらいました。学生さんやスーパーバイジーの方は私にとって素晴らしいリスナーでした。

そして、何よりも、私が今まで担当させていただいたクライエントさん、患者さん、ユーザーさんに申し訳ないような気持ちで感謝しています。十分にお役に立てないことも多かったのに、こうして本を書くのは申し訳ないのです。どうも有難うございました。

最後に、創元社の編集の宮﨑友見子さんには訳本『「深い関係性（リレイショナル・デプス）」がなぜ人を癒すのか』に続けていろいろとお世話になりました。記して感謝いたします。

目次

第一章　ＰＣＴは「何をするのかdoing」を示すことについて

1　ＰＣＴは「何をするのか doing」？

中核条件とはセラピストの内面でのあり様

今も多くの人から、無条件の受容、共感的理解、自己一致といういわゆる中核条件の三つのことを、頷いて「〜ですね」（reflection）と応答するだけのことと誤解され、「ロジャーズ派と言えばそれだけ」であるかのごとく語られている。私自身、大学院生時代はパーソン・センタード・セラピー（Person-Centered Therapy、以後ＰＣＴとする）とは何となくそういうものと考えていた。全然、分かっていなかった。まず、中核条件がどういう風に書かれているか、有名な必要十分条件（Rogers, 1957 / 2001）から確認しておこう。

表1が必要十分条件であり、そのうち第三〜五条件が中核条件である。本書では第四条件の「無条件の肯定的配慮 unconditional positive regard」を、読みやすさを考えて「無条件の受容」と言い直している。注意してほしいのは「無条件に肯定的に配慮する（無条件に受容する）」とか「共感的に理解する」とは書いていない、ということである。そうは書かずに、**experience** という語を動詞として用いて、「セラピストは無条件の肯定的配慮を（共感的理解を）**経験しており〜**」と書いている。これは受容・共感が、クライエントを目の前にしたセラピストが「何をするか doing」ではなく、セラピストが内面で「どう感じているか」という心のあり様 being であることを示している。中核条件のもう一つ、自己一致には experience という語が用いられていないが、これも内面のあり様 being を示している。中核条件とは頷いて reflection するこ

表１　必要十分条件（Rogers, 1957 / 2001）

第１条件	２人の人が心理的な接触をもっている。
第２条件	クライエントと呼ばれる第１の人が、自己不一致の状態にあり、脆弱で不安な状態にある。
第３条件	第２の人（セラピストと呼ぶことにする）は、その関係の中で一致しており、統合している。
第４条件	セラピストは、クライエントに対して無条件の肯定的配慮を経験している。
第５条件	セラピストはクライエントの内的照合枠に対する共感的理解を経験しており、この経験をクライエントに伝えるように努めている。
第６条件	セラピストの共感的理解と無条件の肯定的配慮が、最低限クライエントに伝わっている。

となどとはどこにも書かれていない。

しかし、実は本書でも「共感する」、「共感的に理解する」、「受容する」という書き方も用いている。それはこのように書かないと日本語として不自然になる場合があり、それを避けたいからである。そのような書き方をしても意味としては「肯定的配慮（あるいは共感的理解、自己一致）を**経験しており〜**」という意味として用いている。

なお、第六条件はクライエントに対して共感的理解と無条件の受容がセラピストに生起していることが、クライエントに最低限伝わっている、ということである。それに対して Mearns & Cooper（2018/2021）は、Rogers（1973）が必要十分条件論文（Rogers, 1957 / 2001）以後になって伝達の範囲を自己一致まで含め、中核条件の三つ全体にまで広げるようになっていることを指摘している。本書でも第六条件の伝達の範囲を自己一致にまで広げて考えることにする。したがって本書では、第六条件とは内面での中核条件の三つが反映されて最低限は伝わっているもの、という意味である。

「何をするのか doing」が文献に示されていない

このように、中核条件はセラピストの内面でのあり様 being の条件であり、「どう応答するのか」とか「何をするのか doing」の条件ではない。doing の記述があるとすれば第五条件［共感的理解］について「経験しており～」の後の「この経験をクライエントに伝えるように努めている」という部分がそれに当たる。しかし、それは「共感的理解を経験」していることが前提の doing である。ほかの二条件（第三条件、第四条件）には「伝えるように努めている」とさえ書かれていない。

では中核条件がセラピストの内面のあり様 being を示しているのならば、「どうやったら doing」その内的あり様 being になれるか？　これは非常に伝えにくい。例えば「どうしたら人に優しくなれるんですか」と質問されたら、優しい（と見られそうな）振る舞い方 doing なら答えることができても、この質問自体には答に窮するだろう。そのためもあってか、PCTではセラピストは「何をするのか doing」があまり語られてこなかった。

〝Don't rule〟

その点、例えば精神分析であれば、「明確化、解釈、徹底操作」するというような doing のフォーマットがある。その点、伝統的な対話系のPCTでは「何をするのか doing」は示されてないのに、反対に技法や課題提示を行わないとか、助言や意見を言わないとかいうことは慣習になっていて、〝Don't rule（禁止ルール）〟などと言われることもある。doing が示されずに Don't rule だけが置かれているとなると、セラピストはどうすればよいか分からなくて当然であろう。ちなみに誤解を避けるために言っておくと、今でもPCTの一部の人はこのいわゆる〝Don't rule〟を rule のように厳密に守ろうとしているかもしれない。しかし、本来 rule でも何でもなく、技法を提示する人もあるし、助言や個人的意見を言う場合もある。診断無用論についてもさまざまな議論がある。

私は、doing が語られていないその状況への私なりの回答のつもりで「Rogers の中核条件に向けてのセラピストの内的努力：共感的理解を中心に」（中田、二〇一三年）を書いた。私としてはかなり具体的に書いたつもりであったが、それでも、あの論文を読んだ学生から「あそこに書いてあるようにするにはどうしたらいいんですか？　先生の頭の中はどうなってるんですか？」と言われた。doing を積極的に学ぼうとする人にしか出てこないこのような質問をする人がいるのは救いだったが、もっとしっかりと doing を言語化する必要を感じた。

2　中核条件論ではセラピーの進捗が分からない

ケースを把握したいというセラピスト側の欲求

ところで、精神分析には「二者／三者関係の病理」、「妄想—分裂／抑うつポジション」などクライエントの病理を分類・描写する専門的概念があるので、クライエントが今どのような状態にあるのかについて、セラピストは把握感を持って考えることができる。しかしPCTの場合、中核条件はセラピスト側の理論なので、中核条件を知っていてもクライエントはどうなっているか、ケースは進展しているかなどの把握感が持ちにくい。よく分からないまま、中核条件を維持するしかないのはセラピストの精神衛生上、楽ではない。海の中でどこに向かって泳いでいるのか分からないまま、泳ぎ続けなければならないようなものである。「クライエントの理解は精神分析で行い、関わりはＰＣＴで行う」とか「精神分析とＰＣＴを融合させる」と考えるＰＣＴのセラピストがベテランの中にもいるのはそのためかもしれない。私はそれをダメだとは思っていない。どうセラピーをするかはセラピスト個人の選択である。ただ、残念である。

「ＰＣＴでは把握感が持てない」

私の推測であるが、ＰＣＴは doing がはっきりせず、クライエントの進展具合を見る物差しもないと感じているようなセラピストにとって、専門用語で固められた病理論や人格論、あるいは「次は何をすればいいのか doing」の理論を持つ他学派は、骨格が明確で専門的なものに感じられるのではないだろうか。その点、ＰＣＴで用いられる「共感」や「受容」、「自己」などの概念は一般用語としても使われることが多いので、専門的な業務に携わっているという手ごたえも小さいのかもしれない。そのため、ＰＣＴは実際は非常に専門性を要するセラピー論なのに、安易に捉えられてしまうのではないか、と私は思う。

その点、ＰＣＴ学派の発展の歴史の中で「何をするのか doing」を明確にしたのがフォーカシング指向心理療法や情動焦点化法である。フォーカシングはリスニングを進展させる際の目のつけどころを具体的な方法とセットで示し、それを支える体験過程理論や体験過程スケールというセラピーの展開具合を見るツールを提供した。当時の日本では、フォーカシングを学んだことでセラピーのやり方がよく分かった、というセラピストは少なくなかったらしい。画期的な発展だったのである。この二つのほか、プリ・セラピーなどもＰＣＴの中で技法系として発展した。

3 「何をするのか doing」は個々のセラピストが取り組むべき課題

フォーカシングをどう位置付けるかはセラピスト個人の課題

しかし、ＰＣＴのセラピストが皆、フォーカシングをするようになったわけではなかった。ロジャーズ(Rogers, C. R.)もフォーカシングをしなかった。それどころか西欧のＰＣＴ内部では一部の人から「フォーカシングはＰＣＴではない」という議論が起こった。「フォーカシングはクライエントの体験を誘導しており、クライエント中心とは言えない」という主張であった。この主張のために、一時はＰＣＴが分裂する危機にまで陥った。未だにこの議論に決着はついていない。

フォーカシングと対話系ＰＣＴをどう位置付けるかは個々のセラピストが考えるべき重要な課題だと、私は思う。私自身はかなり長い間、現在の呼び方で言えば「フォーカシング指向心理療法」を中心に置いてセラピーをやっていたが次第に離れた。それは、おそらく私の誤解もあるのだろうが、フォーカシング指向心理療法は一定のフォーカシング技法が中心にあるために技法に沿うことになりがちで、その結果、セラピストの個もクライエントの個も十分に活かされない、と感じたからだった。特にフェルトセンスが分からないというクライエントにそれを感じるように促すのは、クライエント中心とは思えなかった。私自身がフェルトセンスを感じにくかったので、ついていけない感じもあった。そういう私だからかもしれないが、私の周りにはフェルトセンスが分からないという若い人が集まってきたように思う。そういう人と話をしていると、あたかもフェルトセンスが分からない人たちのセルフ・ヘルプ・コミュニティのような雰囲気が作り出されていた。それから何年も経って、その時の若い人たちが今、それぞれ個性的で素晴らしいセラピストとして活躍しているのを見ると、フェルトセンスが分からなくても、その人らしさが伸びることの方が大事だと改めて思う。また、それでいいんだよ、と受容されることはクライエントだけでなく、セラピストの心理的成長のうえでも重要だと思うようになった。

以上は私の個人的経過である。確かにフォーカシングは対話系のＰＣＴよりも、セラピストは「何をするのか doing」をクライエントの進展状況に合わせて考えることができる。その分、セラピストは把握感も持ちやすいが、それを自分はどう考えるのか？　これはセラピストのＰＣＴ観、広くは人間観が問われる問いである。それぞれのセラピストが考えることをお勧めする。

セラピストは個性的になる

ＰＣＴには理想的なセラピストの具体像があるわけではない。経験と訓練を積むことで資質や実現傾向が賦活されて自己一致が高まるので、セラピストは次第に個性的になる。英国の著名なＰＣＴのセラピストであったメアンズ（Mearns, D.）がどんなセラピーをしたかが彼の著書『「深い関係性」がなぜ人を癒すのか』（Mearns & Cooper, 2018 / 2021）の事例の中に書かれている。あれは決して〝きれいにまとまった〟セラピーでなく、言い間違いも多いのだが、クライエントに対する彼の人間性や資質をフルに活かし切る関わりには、一人の個人が全解放された力をまざまざと見る思いがする。しかし、あの強烈なアプローチをほかの人が真似ようとしてもできないだろう。例えばロジャーズの事例を読めばメアンズとは全く異なる雰囲気が感じられる。

また、そのメアンズも初めからそうだったわけではなく、一〇〇〇時間を超えるエンカウンター・グループを体験し、自己一致の度合いが高まるまでに苦労があったことが書かれている。私が知り合った多くのＰＣＴの先生方も、皆それぞれ自分のセラピーや自分の生き方を自分で創造しているように見える。

4　「何をするのか doing」を示すこと、をどう考えるか

「自分学派」を作る

村山正治先生はよく「セラピストは一人一人が自分学派なのだ」とおしゃっていて、それを実際に徹底して認めておられた。また、自分学派を作るために自己探索の旅をすることの意義を認めておられた。先生のそういう考え方はゼミ全体に染み渡っていて、そういう自己探索の揺らぎを十分に認める風土が村山ゼミの大きな特徴の一つだった。私が院生の頃、村山ゼミからはＰＣＴのセラピストだけでなく、ＰＣＴの枠を超えて家族療法や行動療法の専門家になった人もいたし、精神分析に傾倒していった人もいた。そして、それがその人の自然な進展だと認める風土が村山ゼミにはあった。皆、互いの違いを認め、そして仲間であった（神田橋、二〇〇三年：村山、二〇〇二年）。

その点、ロジャーズも個々のセラピストが自分に合ったセラピーを創造するのが大事だと考えていた。ロジャーズがＰＣＴの学会を作りたがらなかったのは、自分のセラピーのやり方を真似る後継者を作りたくなかったからである。その考えはロジャーズのセラピーの理論にも一貫している。クライエントがどの

方向に進むべきかをセラピストが判断してクライエントを導くのではなく、それぞれのクライエントが自分自身になっていこうとする動きを共に歩んで支えるのである。

ロジャーズ以後の文献を見てもセラピストは「何をするのか doing」が論じられていないのは、記述しにくいということもあるが、個々のセラピストが自分学派を作るのを妨げる、という考え方があるからだろう。そう考えると、PCTの文献に「何をするのか doing」が示されていないのは、この学派の人間観を反映した重要な意味をもっていると思われる。

私はと言えば、大学院の終わり頃から何名かの先生にスーパービジョンを受けてきた。意図したわけではないが、指導を受けた先生の中には一人もロジャーズ派の先生はいなかった。学派で選ぶのではなく、お願いしたいと直感する先生にお願いした。また他学派の研究会にもかなり参加させていただいた。今思うとPCTをベースに他学派の考えをどうブレンドするのが自分に合うかを考えていた。私なりに自分のセラピーを作るための、未熟ながらも探索の旅だったのだろう。その旅の最後に、幸運なことに神田橋條治先生にスーパーバイザーをお願いすることができた。先生のコメントは鋭敏な芸術作品のようで魅了された。また、強烈だった。ハンマーで額をやられたと感じたこともあった。先生のようになりたいという欲求が生まれたのは当然だが、その一方で村山先生から教わった「自分学派を作る」という考えの間で葛藤が続いていた。一〇年にわたるスーパービジョンだったが、いつぐらいからか、スーパービジョンを終えて帰る夜行バスのなかで、その日、神田橋先生にいただいたコメントの核となる部分を、自分もクライエントとのセッションで、うっすらとではあるが感じていたようだと、気づくようになった。ただし、自分はそれを面接中に意識化できていないので、言葉にしてクライエントとのやり取りに全く活かせていなかった。ある時、この気づきを神田橋先生にお伝えし、「でも、意識化できても先生のようにはなれないような気がします」ともお伝えした。すると先生は「そう、中田さんは感じているでしょうね。だから、それを僕の無意識が察知して、コメントの中に入ってくるんですよ」とおっしゃった。そして、「中田さんが僕のようになるのを目指すのは、中田さんの資質を活かすことにならないよね」ともおっしゃった。PCT出身ではない先生がPCTそのものの考えをおっしゃったのだった。

自分学派づくりと職人芸の伝承・発展

指導する立場になった私は「どうやったらいいんですか doing」を尋ねられるようになった。PCTという学派の存続の危機も感じているので、本としてまとめることを考え始めたが、私には葛藤があった。いつもそうするわけではないが、スーパービジョンのような個人指導ならば、私だったらどう感じ、どう理解し、「何をするか doing」を伝えつつも、それがそのスーパーバイジーに合わないと気づけば、すぐに取り消してスーパーバイジーに合わせて修正できる。しかし、それを著書という不特定の人に向けたメディアに書いていいのだろうか？　一方で、村山先生や神田橋先生、そのほか多くの先生から教えていただいた知恵や技を次の世代に、押し付けにならないように伝えることは、自分の責任ではないか？　しかし、書けるのか？　私は神田橋先生から「中田さんの自信のなさは盤石だね」と言われたくらい、自分の能力に対する疑惑が今でもある。そうした迷いの中で、ある若いPCTの実践者から言われた言葉が突き刺さった。「PCTは自分学派を作るのが大事と考えていることも、そのために自分のやり方を人に示さないと考えていることも分かるけど、でもその考えを世の中に出さなかったら自分学派を作ってないのと変わりないですよね。どうやって自分学派を作ったか、くらいは見せてもらいたいです」。なるほど、自分のこの迷いは、自分学派づくりというPCTの哲学の影に逃避しているのではないか？

料理人が自分の味や技を創り出す過程と同じ

最終的に書く気持ちを固めたのは職人の仕事の舞台裏を見せるドキュメンタリー番組を見た時であった。日本料理を学びたい若い人がある料理店の厨房で働き始めた。そこで料理の手伝いをしながらその店主の職人としての技を見て成長する。職人は和食の基本を土台にして自分なりの隠し味や素材の組み合わせ方などを加えたりして日々、工夫を積み重ねている。若い料理人はその職人が工夫している技だけでなく、料理に取り組む姿勢を見て、自分のオリジナルなやり方を見つけようと日々努力を続け、時が来たらその職人の店を卒業し、自分の店を持つ。料理人は師匠から学んだことのうちから継承したいものは継承し、もっと展開したいものはさらにチャレンジする。という番組であった。料理人は師匠の技や仕事ぶりから自分なりの料理法や仕事ぶりを創造できるようになっているのである。この、職人芸の伝承・発展という形式を通した自分学派づくりをロジャーズや以後の研究者が意識していたのかどうか分からないが、西欧にもパティシエやバリスタ、時計職人など、職人が活躍する職種はいろいろあるだろう。ロジャーズの周囲で勉強していた人も、職人芸の伝承・発展という形式でロジャーズから学んだのではないか。ジェンドリン（Gendlin, E. T.）もそうだろう。

私は今も失敗するし、分からないことも多く、私の「何をするのか doing」はその職人の域にはるかに及ばないことは承知しているが、示すことは意味があると思うようになった。このことを博士後期課程のゼミ生に話したら、ゼミ生から「先生、それが教育ってものじゃないですか」と言われ、「あっ、そうか」と思った。自分では長い旅を経て到達した地点でも、他人には目の前の自明過ぎる地点だった、ということはよくあることだが、これだけ私が悩んだのは、私にとっては意味があったのだろう。実際、この気づきは本を書く気持ちを固めただけでなく、技法提示をしないという慣習をもつ対話系のＰＣＴにおいて、技法を用いる実践に関して私の中で漂っていた考えを明確にした。それは第六章の「技法を用いる場合」に書いた。

本書はPCTのセラピストが「何をするのか」、「どう考えるのか」、「クライエントをどう見るか」などについての、いわば〝中田バージョン〟のdoingの実務書と思ってもらえるといいだろう。そのかなりの部分はPCTの文献で言われていることをdoingの観点から〝中田語〟に翻訳したものであるが、doingを説明する都合上、私が普段のセラピーを行う際に参照枠としている「主体感・把握感 sense of grip」（第四〜五章）、「同時並行的に生成する［感じ／考え］」や「気づき性向」（第六章）など、自分の考えを含めている。ローカルで雑多な実務書ではあるが、本書を手に取ってくださった方が自分の〝店〟を持つようになるための何らかの刺激になるのであれば嬉しい。

コラム　学派との付き合い

第二章で紹介する「当面はこんなやり方でやって〜」（三八頁）という提案の仕方は神田橋條治先生から教わった「アクティングアウトを実験としてやってみる」という考え方を自分なりに少し膨らましたものである。先生のスーパービジョンを離れて二〇年近くになるが、私のセラピーには先生から教わったことがしっかり入り込んでいると思う。

しかし、精神分析の大家であった先生がどうしてこんな考え方を思いつかれたのだろう？　精神分析をするセラピストの中にもその理論と自由な距離感を持っている人もいるだろう。しかし、アクティングアウトを神田橋先生ほどに積極的に治療的に活用すると発想した人は今までいたのか？　不勉強ながら私は存じ上げない。

私は先生からアクティングアウトの扱い方など具体的な手順もたくさん教えていただいたが、もう一方で精神分析という学派との向き合い方、学派の理論にとらわれない自由さにいつも刺激を受けてきた。村山正治先生もロジャーズ一辺倒ではない。「僕はこの点はロジャーズと考え方が違うんだけどね……」と言ってお話しされることがある。

その点、私は村山先生の研究室にいたのでＰＣＴに拘らずに自分の求めるセラピーを学びたいと思っていた。学派よりも自分にとって実践上有用なものを求めてさまよった。そしてＰＣＴに戻ってきた。ＰＣＴを主体的に選択した、と思いたいところだが、一〇〇％そうだとは言い切れない。自分はＰＣＴの理論に囚われているのかも？　という疑念はいつも数パーセントくらいはある。

第二章　成長モデル／類似の職種／インフォームド・コンセント

1　医療モデルの心理療法とは異なる成長モデル

実現傾向あるいは自己治癒力を信じるセラピストのスタンス

ＰＣＴは人には実現傾向と呼ばれる成長力あるいは自己治癒力が備わっていると考える。それがクライエントに向き合うスタンスを医療モデルの心理療法とは対照的なものにする。セラピストは専門家として問題や症状を抱えて来談するクライエントを〝正しい〟方向に導いたり、対処行動のパターンを〝処方〟するのでなく、クライエントが自ら成長し、治癒する心の動きが自発し活性化するのを大事にしながら一緒に歩もう、という受容的な関係の風土を提供する。そういう成長／治癒力が「あなた（クライエント）に備わっていると信じている」と伝わること自体が、その発現を促す。しかし、そのプロセスを方向づけ、動かす主体はクライエントに内在するので、セラピストができることは少ない。まして、〝正しい方向〟に考え方を導いたり、〝正しい行動パターン〟を処方したりするのは成長／治癒力を信頼していないだけでなく、芽を摘むことにさえなる。セラピストができることはせいぜい、その成長／治癒力を信じ、その発現の妨げにならないようにして、信じるからこそ可能な感じ方・見方でクライエントとやり取りする、くらいである。これがＰＣＴにおいてクライエントを「支える／サポートすること」である。ＰＣＴとはクライエント自身の中から自己を支える（セルフ・サポートする）力が出てくるように、クライエントを支えるセラピーである。

成長モデル

ＰＣＴのこの援助観は医療モデルに対して**成長モデル**と言われる。医療モデルで心理療法を考える人にとってＰＣＴはクライエントの話すのを受け身で聴くだけに見えるかもしれない。しかしＰＣＴは、クライエントに外来の考え方を押し込まずに、クライエントの内に秘められた豊饒な成長力をトラクターや農薬で荒らさないで育つのを待つ、有機栽培的なセラピーである。しかも一人一人別々の対応を考える繊細な手間がかかる。受け身どころではない。もちろん、医療モデルの他学派も本来はオーダーメイドであろうし、中には濃やかにクライエントに合わせた風土を提供しているセラピストもいるであろう。しかし、私から見ると医療モデルの心理療法を行うことは、クライエントをタイプ分けし（いわゆる〝見立て〟とか〝アセスメント〟）、そのタイプに合いそうな方針を既定のリストから選んで処方するだけの、受け身的なものに見える。

ＰＣＴはクライエントの中に主体的な意思、自分を信じる力が自然に出てくるのを後方から支援する。その点、他学派のセラピストは何が問題で何をすべきかをセラピストが判断してリードするので、「先生に任せる」という受け身の態度をクライエントの中に作り出しやすい。マッサージでも、なされるがままの場合と「そこを押してみてください」と言ってやってもらう場合とではクライエントにとって体験の質が異なる。ＰＣＴは後者に見られる主体性の力の大きさを信じ、尊重するので、下手に手出ししない。

問題や症状を「抱えられる」ようになる

ＰＣＴでは「治す」のではなく、「治る」という言い方がよくされる。医療は「治す」のに対してＰＣＴは「治る」風土を提供する、ということである。実際、クライエントの個が成長してくると症状の方も治るということはよく見られる。しかし、「治」という文字を使う限り、治癒することが目標になってしまう。もちろん、ＰＣＴのセラピストが医療機関で働く場合は、「治る」という観点でほかの医療者と連携する。しかし、ＰＣＴの本質は「治す」でも「治る」でもない。問題や症状を自分なりに「抱えられる」ようになることである。言い換えると、困難な問題や症状でも、それを抱え、主体的に対応できるようになること、である。

世の中には困難や症状を抱えていても主体的に生きられる人と、生きられない人がいる。この違いは困難や症状を分類しても出てこない。違いは困難や症状に対するその人の向き合い方や感じ方にある。ＰＣＴでは困難や症状ではなく、クライエントその人に焦点が当たる。「ＰＣＴ（Person-Centered Therapy）」の「その人を中心に置くセラピー」とはそういう意味である。その分、ＰＣＴでは診断やアセスメントを中心に置かない。

なお、クライエントが問題を抱え、主体的に対応するようになると、その結果、問題や症状が軽くなることは少なくない。また、誤解のないように書いておくと、問題を抱える、主体的に対応するとは、必ずしも一人で解決しようとすることではない。症状や問題によっては病院を受診したり行政の相談窓口などに行くこともある。その場合も人から言われるがままに動くのではなく、「自分で主体的に何とかする」という感じ方によって動くのである。クライエントが主体感をもって問題や症状を「抱えられる」ようになると、そこから逃れるのではなく、それを体験として味わったり学んだりできるようになるし、それを通して一層、より良く抱えられるようになる。

例えば、うつにしろ、不安にしろ、クライエント本人が「この気分は自分にとって何を意味しているのだろう」、「人生をどう生きていけばいいのか」などと問う動きが自発する可能性をＰＣＴのセラピストは信じている。そしてまた、その「信じている」ということがクライエントに伝わっていることが、その動きの自発を促し、クライエントは自分について主体的に考えるようになる。人生の困難や症状はクライエントが自分を振り返る機会である。生物学的精神医学は薬物の進化をもたらしたが、全て神経伝達物質の問題に還元してしまったために、クライエントから自分を振り返る機会を奪ってしまった。数多ある心理療法の中でもせめてＰＣＴはその機会を大事にしたい。医療とは異なるパラダイムだからこそ可能な、医療との連携や協力を模索するのが、医療機関で働くＰＣＴのセラピストの課題であろう。なお、クライエントの力をセラピストが信じるために「何をするのか doing」は本書全体のテーマであり、それについては第四章以後に論じている。

2　ＰＣＴに近い関わりのスタンスの職種

医療モデル以外の関わりのスタンス

ＰＣＴを実践するには医療モデルの職種ではなく、むしろ、その他の職種でクライエントとの関わりのスタンスを考えてみる方がよい。以下には、医療モデルとの対照という観点から私が考えるＰＣＴのセラピストに類似の二つの職種を挙げているが、それ以外にもあるだろう。例えばスポーツの監督・コーチ、オーケストラの指揮者などもＰＣＴのセラピストに近いように私には思える場合がある。これは私の考えに過ぎないので、各読者は他職種と重ねたり、比べたりしてＰＣＴのセラピストのイメージを創造してみることをお勧めする。頭が柔らかくなって、ＰＣＴとはどういうセラピーなのか？　について自分にフィットする考えの探索が始まるだろう、と思う。

家庭教師（寄り添うタイプ）

家庭教師は普通、問題の解き方を教えるが、教えるにしても単に教えるのではなく、ＰＣＴのセラピストに近いのは「これは難しい問題だね。公式に当てはめただけでは答は出ないみたいだね」とか「（解答を見て）これはどうしてこんな解答になるんだろうね」などと言いながら子どもと一緒に考えていくスタイルの教師である。この家庭教師は子どもにとって、何でも知っていてそれを教える人ではなく、子どもが躓いている同じ地点に立って問題の難しさを共有し、共に答を見つけようとして頑張っている仲間である。この関係は探し物を二人で一緒に見つけようとしているのと変わらない。したがって、子どもの方が先に解き方を見つけて、「あっ分かった、もう言わないで。ここからは自分で解くから」というような展開があり得る。解き方を教えるのに比べて遠回りのように思えるが、自分自身で問題にチャレンジする感覚を覚える、という点で学びは大きい。心理療法に置き換えるなら、医療モデルのセラピストは解き方を教える教師であり、ＰＣＴは問題の解き方を共に考える家庭教師である。しかし、ＰＣＴには寄り添うタイプの家庭教師と違いもある。それは、セラピストは本当に答を知らないので一緒に考える、ということである。

家のデザイナー

新たに家を建て直したいと思うクライエントが家のデザイナーをたずねたとしよう。どんな家を作りたいか、初めはクライエントも漠然としていてよく分からない。デザイナーはいろいろな資料を見せる。クライエントはその資料や自分が調べた情報をもとにデザイナーに「こんな間取りだとどうでしょう」などと質問し、デザイナーの感想を聞くことで、自分の欲する家のイメージがまとまり始める。さらには素材や費用、生活環境などの情報も加えて絞り込まれる。最終的にどういう家を建てたいかはクライエントにしか分からないので、デザイナーの仕事はクライエントが自分の求める家を自分自身でデザインできるようにサポートすることである。ＰＣＴもクライエントが納得のいく問題の解決法なり、人生の生き方を探索できるようにサポートする。ＰＣＴのセラピストが家のデザイナーと違うのは、重要な資料はセラピストではなくクライエントが持っており、しかもそのうちでどれが重要かもクライエントしか分からない、という点である。そのためクライエントは自分を内省し、探索することで重要な資料を発掘しようとする。発掘できるかどうかはクライエントの能力と意欲にかかっており、しかも、その能力が発揮できるかどうかはかなりの部分、セラピストの共感の精度とセラピストとの関係という風土にかかっている。

医療モデルの心理療法とは異なる注目点

クライエント自身による問題の解決や人生のデザインの探索は、ふとしたことを思い出したり、考えやイメージ、感覚が生まれたり、リンクしたり（連想）する、という微かな動きから始まる。つまり、クライエントの中に自発する自身のリソースに触れる動きこそ、ＰＣＴにおけるクライエントの変化の芯である。セラピストが非指示の姿勢を保つ理由はそこにある。傾聴練習ではセラピストとしての応答に焦点が当たりがちであるが、クライエントの中の微かな動きがセラピストの応答でどう影響を受けるかを実感するためには、クライエント体験が重要である。実感として知っているとは、たとえて言うならば「この部位を怪我をした人間ならちょっと触れるだけでも激痛が走ることを知っている」のと同じことである。実感として知っているので、そこに触れないような細心の寄り添いが自然に生起するのがPCTのセラピストの非指示の姿勢である。非指示という姿勢を〝何もしない呑気な受け身のセラピー〟だとか、〝何も言わないように我慢すればいい〟みたいな捉え方をする人がいるが、実際はその逆であり、濃やかに寄り添おうとする積極的な姿勢である。

3 「自分は分かっていない」ことを分かっている

以上、二つの職種を挙げてみた。指示はせず、自由に考える空間を提供し、本人が答を見つけるのを待つというのは、医療モデルのセラピストからすると、クライエントのわがままを許し、治療目標が定まっていない関わりに見えるかもしれない。また、PCTのセラピストには少ないと思うが、特に経験が少なかったり、専門家コンプレックスを持っていたりすると、このような関わり方では「クライエントから専門家として見られないのではないか」という不安に陥ったりする人がいるだろう。その不安から専門家としての判断や提案を伝える人もいるだろう。医療モデルであれば専門家ぶって振る舞うことは問題にはならないかもしれないが、PCTでは本当に分かっていないから共に考える。共に考えるというそのあり様がクライエント本人が答を見つける力を刺激する。「自分は分かっていない」と分かることができることは自己一致でありPCTの専門性である。言い換えると、PCTのセラピストはクライエントがそれぞれ独自の主観的な体験世界を生きている個人であることを分かっている専門家である。ＰＣＴからすると、逆に医療モデルのセラピストは「クライエントのことが分かっていない」ことが分かっていないように見える。他学派の事例論文などを読むと、〝専門家〟的な口のきき方をしている場合が散見されるが、それこそ素人のように思える。

ちなみに、独自の体験世界を生きている個人という見方は大人のクライエントだけでなく、子どものクライエントに対してもそうである。小さな子どもでもかけがえのない体験世界を持った一人の個人という見方が起こると、子どもであってもタメ口でなく敬語で話すことが自然だと感じられる場合もあるし、タメロであっても、その子を尊重していることが現れた言い方になる。心理学を学ぶと、つい発達理論などを当てはめて分かった気になりがちだが、やはり、それぞれの子どもが生きている世界は「自分（セラピスト）には分かっていない」と思えることがＰＣＴの専門性である。

なお、「自分は分かっていない」とはいえ、そうクライエントに言うわけではないだろう、と考える読者もいるだろう。しかし、私はそう伝えることが少なくない。もちろん、「知らない」、「分からない」の質感やセラピーの進捗、状況、クライエントが置かれている文脈なども考慮して言い方を調整するのは当然である。例えば、「〇〇の話までは、ほぼ……七〇％くらいかな、感覚的にも分かるなあと思って聞いていたのですが、今、△△の話になって、そのこちらの面についてはまだ何とかついていける程度に分かるんですけど、その裏側の事情については、ごちゃごちゃとなって分からなくなって」、というように自分の中に起こっている体験に十分に気づいて（自己一致）、それを伝えるのである。これを聴いたクライエントは「だめなセラピストだな」とは思わない。一生懸命、自分の話を聴いて理解しようとしていることが伝わる。

医療モデル以外のさまざまな職種や人間関係に注目

ところで、上述の家庭教師や家のデザイナーという職種のイメージは、医療モデルに拘らないサポートのあり方を考えるために挙げたものである。目の前のクライエントやセラピーの段階に応じてそれ以外の職種の方が合う場合があるのは当然である。そもそもクライエントに合わせて関わりを修正できるのであれば他職種などを考える必要はない。ただ、この業界は全般に医療モデルに偏っているので、頭を柔軟にする便宜としてPCT類似の職種として私が考えるイメージを挙げた。それぞれのセラピストが普段から医療モデルだけでなく、さまざまな職種や人間関係を観察しておくことをお勧めする。

また、クライエントとどのように関わるのがよいかをクライエントと話し合うことはセラピストの実務doing のオプションとして持っておく方がよい。必ずその答が出るわけではないが、話し合うこと自体が意味があることが多い。そのインフォームド・コンセントにおけるやり方は次に述べる。

4　インフォームド・コンセント

インフォームド・コンセント：セラピスト個人のPCT観の開示

「PCT」という名前を出す必要はないが、どういうスタイルでセラピーを進めようと考えているかをクライエントに伝え、それでいいかの確認を、インフォームド・コンセントの一部として、あるいはセラピー初期にやって同意を取る方が良い。職業者としての倫理であると同時に、信頼関係の基盤となる。クライエントの中には医療その他の相談職種をイメージして来談する人もいるので、医療モデルではないPCTの場合は特に必要である。ところが驚くことにただ一言、「一緒に考えていきたいと思います」とか「何でも自由にお話しいただければ、と思います」という程度の導入の言葉だけで初回の面接を始めるセラピストがいるらしい。意図としてはオープンで受容的・非指示的姿勢を示そうとしていることは分かるし、これでうまくいく事例もあるだろう。しかし、助言をもらえると想定しているクライエントがいることを考えると、どういう考えでどういうサービスを提供するのかを説明しないのは、少なくとも倫理的ではない。「ただ話を聴いてもらうだけで、助言してもらえなかったから」という理由で、「そのカウンセリングは止めました」というクライエントに私は何人か会ったことがある。仮にセラピーを止めないにしろ、説明をしないままセラピーを開始すると、来談という行為に含まれるクライエントの主体性が十分に発揮できない。「セラピストはこんな風に自分のことを考えて、こんな風に進めようと考えているのか。であれば、やってみよう」と思えるようなインフォームド・コンセントにしたい。もし、「それだったら別の所に行ってみよう」と思ったとしても、それはクライエントの相談機関を変えるという主体性を支えているし、治療契約という点でも問題はない。

例えば、私は次のように説明する。

「いろいろなカウンセリングの考え方があるし、そのやり方は相談に来られた方やその内容によっても違うのですが、私のやり方は基本的には『どうしたらいいいか』について、○○さんと一緒に考えていく、というものです。何かアドバイスがほしい、と思われるかもしれません。私も『これがいいかも』ということがあればお伝えしますが、私の経験からも、私が学んだカウンセリングの理論でも言われているんですが、その人にとって最終的にピッタリくる考え方はその人自身にしか分からない、という場合がほとんどです。私が『これがいいかも』と思ってお伝えしても最終的には合わないことが多いんです。ですので、具体的なやり方としては、○○さんがご相談したいことをご自由に話してもらって私はそれに沿って一緒に考えます。私はだいたい、確認しながら理解しようとするので、頷きながら話を聴くことが中心になると思いますが、分からない内容があれば質問することもあるでしょう。そうやって一緒に考えていこうと思います。そういうカウンセリングですが、いかがですか？」

重要な点の一つは、なぜ私は助言しないのか、なぜ頷くのか、などについて、ＰＣＴのセラピストとしての自分の考えを伝えていることである。

私はまた、その説明を目の前のクライエントの人柄や相談内容に沿うように形を変えて伝える。説明はクライエントによってはだいぶ違うこともある。例えば、上述の「　」内の説明では、クライエントによっては【どうしたらいいか】（を一緒に考えていきましょう）の代わりに【どうしたいのか】（欲求）をテーマとする言い方を用いたり、【どう自分を支えるか】とか【どう考えたら自分を支えることができるか】という言い方を用いたりすることがある。

そのようなセラピーのスタイルが合うかどうかは、その時点でクライエントは判断できない場合も少なくない。その場合は「今はこのやり方がいいかどうか判断できない、ということですね。それは初めての方にとっては当然かもしれません。では、一つの提案ですけど、今お伝えしたようなやり方で、当面、やってみて、○○さんの中に『こうしてほしい』とか『こうしてほしくない』という考えが出てきたら、それを私にお伝えいただいて、それに合わせるようにする、というのはいかがでしょうか」と伝えたり、顔色を見ながら「あるいは別の考え方として、ほかのカウンセリング機関など、ご自分に合いそうな所をネットなり、電話で尋ねる、という方法もあるかと思います」などと伝えたりすることもある。あくまでも、クライエントにとって「セラピストの話の流れに押されて決めさせられた」というような体験にならないように配慮して伝えるのである。PCTを行うことの合意を得たとしても、「今後も、○○さんの方で質問なり何かご希望があればいつでも私にお伝えください。必ず希望に沿えるかどうかわかりませんが、できるだけそうなるようにしようと思います」など、セラピーのスタイルに対する質問や意見はいつでも言える場を保証する。

以上はインフォームド・コンセントであるが、実は同時にPCTも始まっている。というのは、このような説明に対してクライエントがたとえ口頭で何も言わなくても、どう感じているかの共感的モニタリングはずっと続いている。またセラピーのやり方に対して「○○さんの方で質問なり何か希望があればいつでも私にお伝えください」と言っているのは、セラピーに関してどんな意見を言ったとしてもクライエントを受容する、と言っているのである。また、クライエントにこのように伝えること自体、セラピストの自己一致の表出である。つまり、インフォームド・コンセントの手続きの中に中核条件が含まれているのである。

セラピーの進め方、期間の説明：把握感の観点

セラピーの進め方を説明することは、クライエントにとってはセラピーについて把握感が持てるという点でも重要である。病院を受診した時に「あっちに行ってください」、「こっちに行ってください」と言われるだけで、何時まで待たされるのか、次に何の検査があるのか、どういう順序で診察があるのかなど、受診状況に関する把握感がないと落ち着かないし、疲れる。不安が膨らむ一方、ということもあるだろう。初めてセラピーを受けるクライエントにとっては「ここがどういう場所で、セラピストが何をして、自分

は何をして、その結果どうなるのか、それは相談料金に見合っているか」などが少しでも摑めている方が不安は減る。主体的に考えられるからである。

なお、セラピーの期間の予測はとても難しい。しかし、私は予測できなくても期間に関して考えていることを伝えることがある。状況や主訴などによってケースごとに異なるが、例えば次のように言う。

「どのくらいの期間がかかるか分かりません。人によっても、相談内容によっても、またその方がいらっしゃる環境や人間関係によっても、あるいはそれ以外の要因によってもさまざまに変わるので。当面は一～二週間に一回のペースで行い、もし、半年以上かかりそうな経過だったら、その半年後くらいからは一か月か二か月に一回くらいの回数に減らす、ということになるのかな、と考えています。こういうことは私が一人で決めるのではなくて、○○さんにお伝えして話し合って決めていくつもりです。それもまた変わってくることもありますが。それ以上については申し訳ないけど、今の段階では予測しにくくて。これでお答えになっていますか」。

このように伝えるだけでもクライエントにとっては何も聞かないよりは把握感がもてる。こういうことをセラピストが説明せずにセラピーを始めると、クライエントはセラピーのやり方や期間などについて疑問があっても質問できなくなったり、誤解したまま進んだりする。両者間のコミュニケーションが行き詰まる場合もある。その点、セラピストがこのように言語にして伝えると、クライエントには「やり方や期間、その他について話題にして良いのだ」ということが伝わる。クライエントにとって「セラピーはこういうことも話せる」という把握感が持てることの意味は決して小さくない。

セラピーについてこのような説明を行った後に、セラピーの継続の契約をする、という当たり前の手順を入れることで、その後のセラピーに生産性のある緊張感をもたらす。

コラム

音楽家からセラピーを考える私の癖

クラシック音楽が好きな私はPCTを音楽の演奏に当てはめて考えるのが癖になっている。ズービン・メータという指揮者はそのオーケストラが出せる最上の美音はどこにあるかを掴んでから音楽作りをする、と読んだことがある。小澤征爾がサイトウ・キネン・オーケストラの団員と楽譜を見ながら「この部分はこんな風にしようか」と話し合っているシーンを見たことがある。指揮者には軍の司令官のような人もいるだろうが、この二人の指揮者のように楽員と音楽を一緒に作っていくやり方はクライエントの能力を信じて共同作業をするPCTを考えるヒントになる。

PCTを考えるヒントになったもう一人は吉田秀和という人である。音楽評論なのでほかの演奏家との比較も含まれるものの、同じ物差しでこの演奏を「いい」とか「悪い」とか言うのではなく、どの評論も「その演奏」、「その音楽家」にしかない美しさを透徹した耳で感じ取ろうとしているように見える。読むと「あっ、そういう感受の仕方があるのか」と、別の体験世界があったことに気づかされる。自分もPCTのセラピストとしてそんな風にクライエントをappreciate（真価を分かる）する人でありたいと思った。ウラディミール・ホロヴィッツという大ピアニストの来日公演を「ひびの入った骨董品」と表現し、世界的に有名になった評論も、この演奏を単にバッサリと切り捨てているのではない。「これは骨董で、しかもひびがいくつも入っていて残念だけど、価値があると思う人にとってはいくら払っても惜しくはない芸術作品だ」という意味が含まれていた。それにしてもこの評論を聴いた時はしびれた。評論そのものが芸術だと思った。感じたことを言葉にするという点でもPCTにおける対話に通ずるものがあると思った。

第三章　「実現傾向」という概念は臨床実践で使えるか

1　実現傾向を信じられない

PCTというセラピーの原点には、理論的にはクライエントの実現傾向に対する信頼がある。ところが、私自身は長いこと、実現傾向を信じている、と思うことはなかった。そのうち、本などでそのような趣旨のことを述べた記述を読むと「自分は信じていると思ったことはないが、それでいいのか？」、「自分は本当にPCTのセラピストと言えるのか？」という疑問が起こるようになった。読者の中には第二章で「クライエントの成長／治癒力を信じている」という類の文章を読んで、私がかつて感じていたのと同様の疑問を持った人がいるかもしれない。

ところで私は、学会などで折衷派のセラピストがPCTを単なる応答の技法と考えて「自分はCBTでもクライエント中心療法でもやります」などと発言するのを聞くと、「実現傾向を信じているのか！　信じていたらCBTなんかやらないだろう！」と言いたい気持ちが起こっていた。ところが、自分はと言えば、実現傾向に対する自分の信頼に自信が持てなかった（中田、二〇一九年）。信じていなくても中核条件によるセラピーはある程度はできたのだが、それだと自分が批判している他学派のセラピストと本質的な違いはないことになる。しかし、実現傾向を信じようと思っても、それを信じさせてくれるような文献に私はお目にかかったことがなかった。ということは実現傾向は気にしなくてもよいのかもしれない、とも思った。

しかし、困ることがあった。例えば、子どもの攻撃的な行動を心理教育プログラムやアンガーマネジメントで抑制する、という考え方が学会や研修会で議論されるのを聞いたことがある。私はその攻撃的な行動が子どもの実現傾向の発現であれば抑制すべきではないと思ったが、実現傾向の発現かどうか判断する基準がなかった。PCTが批判される点の一つは、クライエントがしたいようにさせるのはクライエントを悪化させる、ということであるが、例えばこの攻撃的な子どもの事例の場合、それも子どもの実現傾向と考えて、子どもがしたいようにするのを受容していいのだろうか？　それともアンガーマネジメントのように抑制するべきなのか？　が分からない。そういうことをずっと考えてきた。

PCTの中心理論である中核条件は、セラピストはどういう心のあり様か、については述べているが、クライエントがどう変化しているかを示す指標ではない。もし、実現傾向が今、発現しているのか、どのくらい発現しているのか、が分かる指標があれば、実現傾向の発現の状況が分かるので、セラピストは手応えを持てるだろう。

正直に言って私はいまだに実現傾向を分かったとは思えない。ただ、これまで考え続けてきたことでいろいろと学ぶことがあった。本章はPCT実践を深化させたいと思う人にとって参考になればと思って、私の経験談と共に現在の考えを述べることにする。

実現傾向を具体的なものとして信じるために

実現傾向を信じているかどうか自分に自信の持てなかった私は、実現傾向を実感できるようになるにはどうしたらいいか考え始めた。ロジャーズは納屋のイモの発芽の観察から実現傾向の説明をしているのだが、それを人間に当てはめて考えようとすると、比喩的には何となく分かる気がするものの、それを実感しようとしても捉えようがなかった。実感できないならばどうするか？　信じていないものを信じようとするのは自己洗脳みたいなものだ、と思いつつも、信じられるようになりたかった。そういう問題意識を持ち続けていると「これは実現傾向ではないか？」と思える素材に目が向きやすくなった。本章で後述する訓練や経験によって、実現傾向への信頼は洗脳でなくなり、少しずつだが確かさを増していった。

実現傾向を信じるために私がやった訓練は、生き物や幼い子どもなどの様子を近くで観察したり、画像を見たりしてその子の体験世界に潜り込むことや、人間や動植物の成長の話を読んだり聴いたりして生きようとする力、周囲に訴えようとする力、自分を試そうとする力などを感じることだった。また、自分の体験を振り返ったり、人の様子を見たりして、人の成長を信じられる自分を作ろうとした。それは部分的には自己洗脳でもあることに気づいていたので、洗脳でなく本当に信じられる自分を作ろうとした。以前からエンカウンター・グループやフォーカシングなどの人間性心理学の体験ワークショップにいろいろと参加していたが、次第にできるだけ普段の自分で、と意識して参加するようになった。

2　実現傾向を信じるために私が考えついたイメージ

まず実現傾向を具体的に考える参考になりそうなイメージを挙げておこう。あくまでも私がセラピストとして中核条件の体験、特に無条件の受容の点で有用だったイメージであるに過ぎず、実現傾向の存在を示すエビデンスというつもりはない。当然、目に見えるもののほうが分かりやすく信じやすいので、以下に挙げるイメージは主に身体的、生物的なものである。実現傾向を信じられないとか感じられないというセラピストにとって、自分なりの実現傾向観を培っていただくためのイメージ作りのヒントになれば、と思って書くものである。

ロジャーズが見た納屋のイモ

まず、前述のロジャーズの体験を復習しておこう。農家の出身だったロジャーズは暗い納屋に置かれていたイモが、納屋の壁のすき間からわずかに入ってくる光の方向に、芽を伸ばしているのに気がついた。イモは元々備わっていた成長力を、暗い納屋という悪条件の中でも精一杯発揮しようとして発芽していたのだった。ロジャーズはイモに限らず、ほかの生物にも成長の可能性を実現しようとする潜在的な傾向がある、と考えた。これが実現傾向である。これらを考えると、実現傾向とは心理的なものというより生物的なものと感じる人も多いだろう。まさにその通りで、ロジャーズは論文で人間のことをorganismという言葉を使って論じることがあり、日本語では〝有機体〟とよく訳されている。ロジャーズがorganismという語を用いるのは、彼が人間を生物全体に通じる実現傾向を持った存在として考えていたからであろう。実現傾向の原初は身体そのもののプロセスとして動き始めるようである。

歩き始めの乳幼児

人間の実現傾向で私がよく思うのは、乳幼児が次第に寝返りを打つようになり、ゴソゴソと這うようになり、そのうちに立ち上がろうとすることである。初めは立ち上がることができず、よろけたり失敗したりしても、それでも何とか立とうとする。立ったからといって、何か報酬をもらえるわけではないのに立とうとするのは、そこに何が作用しているのか？　歩く能力を持って生まれた子がその能力を発揮しようとしている、としか考えられない。大人だったら、何か身体運動をマスターしようとして失敗して痛い思いをしたら、止めてしまう人も多いだろう。しかし、幼児はそれでも立とうとする。

奇跡のリンゴ

もう一つの例を挙げておこう。以前にＮＨＫの「プロフェッショナル　仕事の流儀」という番組で見た「奇跡のリンゴ」のエピソードである。ＰＣＴのことを説明しているのかと思えるほどに素晴らしいので、一度ＤＶＤなどで見ることをお勧めする。このエピソードの中に無農薬でリンゴを育てようとしてうまくいかず、苦労している時に、リンゴが季節外れの花を咲かせるシーンがある。それを主人公の農家の方が「これは、リンゴが何とかして花を咲かそうとしているんだ」と説明する。リンゴに備わった実現傾向が何とかして開花しようとして季節外れの開花になっているのだが、それを季節外れだから異常だ、ダメだ、という病理的な目でなく、「何とかして花を咲かせようとしている」という目で見ており、そこにはそのリンゴの成長力を信じるＰＣＴに共通する眼差しがある。

私の子ども

私の子どもは乳幼児の時からよく動く子だった。二、三歳だっただろうか、動物園に連れて行くと、高さ七〇センチほどの動物の像がある。それに子どもが乗ったところを親が写真に収めようと、親子が何組か列になって並んでいた。私の子どもの番が来た。ほかの子は像に普通にそっと乗って写真を撮ってもらうのだが、私の子はぽんとジャンプして乗ろうとしたのだ。そのために、銅像を乗り越えてしまい、反対側に倒れ込んでしまった。そういう運動をしようとする傾向が頻繁にあった。そのために大怪我をしたこともあるが、とにかく身体を動かすのが好きだった。それに気づいた私が小さな自転車を買ってあげたら、二歳の時には補助車なしで乗っていた。

私の運動好き

私はと言うと小中学校では体育の授業が苦手で嫌いだった。ところが、五〇歳を過ぎてからやたらと運動をするようになった。学生と卓球やバドミントンをしたり、同僚が「やり過ぎは良くないよ」と忠告するくらい、月に何十キロもランニングしたりするようになった。自分でも何で？　と思って走っていたが、過去を振り返りながら次第に分かってきたのは、運動好きに変わったというよりも、私の中には元々、私の子に似た身体を動かそうとする傾向がけっこうあった、ということだった。今、運動をするようになったのは、その本来の自分に戻っただけではないか、と思える。かと言って身体を動かすのがうまいわけではない。我ながら哀れなのは、身体を動かすのは嫌いではなかったのに、学校では体育の授業で上手／下手の成績評価が付けられるために体育という科目が嫌いになるだけでなく、身体を動かすことへの苦手意識が大きくなったらしいのである。「価値の条件」がつけられたのである。今、遅ればせながら本来の自分に戻れたのは良かったと思っている。

能力や生きる姿勢などの心理的な次元にも現れる実現傾向

ところで、ここまでの実現傾向を身体や感覚など、身体的・生物的な次元における生物的な蠢きのようなものとして語っているので、実現傾向は心理的なことにまで通用するのか？　と疑問を持つ方もいるだろう。その点、ロジャーズはヒトという動物は身体的な発達だけでなく、考えたり感じたり、自分を表現したり、という心理的な面でも生来の能力を持っており、その能力も開花し実現しようとする、と考えていた。

例えば小説家にでもなれるような能力を潜在的に持っている子どもが、その能力を発揮する場がなかったとしよう。その能力は何とか実現しようとしてどのように発揮されるだろうか？　いろいろあり得るが、例えば上手にウソをつくということがあり得るだろう。ウソは想像力の産物であり、想像力がなければウソはつけないし、ウソをついても簡単に見破られる。そうした想像力は小説などを書く能力と重なる。

発言が要領を得ない人がいる。ところがよく話をしてみると、その中には豊かに感じ過ぎていて言葉にならない人がいる。その人の感じ方の濃やかさが世の中に存在する語彙では追い付かないレベルなので、表現に苦労しているのである。そのような人の発言は先生や友人など周囲の人から「あんたは何を言いたいのかよく分からん」などと言われるので本人は強い劣等感をもったりするのだが、それは実際はその豊かさに周囲の人が追いつけないのである。

ある人は拘りが強く、強迫的に物事に取り組んでしまい、昼ご飯を食べるのも忘れて熱中して気がついたら夜になっていた、というようなエピソードが多い。そのために社会生活で困ることも多いのだが、いざ勉強にはまると、時がたつのも忘れて集中するので素晴らしい成績を得る。

不安症状のために抗不安薬を処方されていたある男性クライエントについて、医師は私に「未成熟なキャラクターで、自分の芯がなく甘え気味」と言ってセラピーを依頼した。クライエント本人の自己概念は「大人しい自分」であり、その自分を変えたいとは思わない、と当初語っていた。ところがセラピーの初期から、私には何かクライエントの中に子どもっぽい活発なわがままさが発揮されているように感じられた。私とほとんど同じ年齢なのに、小さな子どもを「可愛い」と見るような気分が私には起こっていて、私にはその「小さな子ども」と遊んであげたいような不思議な気分が起こったりした。そのうちクライエントは大人しいどころか、非常にエネルギッシュで有能な人として社会で活躍する人生に変わった。その頃には症状は消失していた。クライエントは自分は幼い頃はやんちゃだったと語ったが、エネルギッシュで楽しそうな社会人人生を送っているクライエントの中に、幼い頃のやんちゃが復活しているように私は感じた。

このように考えるようになり、私には実現傾向がだいぶ具体的に感じられてきた。実現傾向とは要するに、その人が持っている生来の、生物的な、と言っていいようなエネルギーが発現しようとする傾向だというのが、今の私の考えである。

プレイセラピーでは実現傾向が見えやすい

わが国で行われるプレイセラピーは精神分析や分析心理学の影響で、遊びの内容をシンボルとして考えて、そのストーリーを考えがちである。しかし、ＰＣＴのプレイセラピーではシンボルとして解釈することは原則的には必要ない、というよりそんな時間はない。子ども、特に幼い子どもの場合、身体・生物的な面が表出されやすい。プレイルームやセラピストという環境と相互作用しながら子どもに現れる生命エネルギーを、セラピストは共感的に実感しようとするからである。私自身はもうプレイセラピーをしないが、スーパービジョンを通じて思うのは、セラピストは成長してくると、子どもの有機体としてのエネルギーの発現を感じるようである。「攻撃性」とか「問題行動」などとネガティブに解釈されそうな表出に対しても、そこに子どもが瞬間瞬間を懸命に生きようとするエネルギーを感じ、「何かこの子は好きだなあ」という気分になるらしい。無条件の受容が起こっているのである。

以上、私が考えてきた実現傾向のイメージのいくつかを挙げた。これくらい考えられるようになった頃には、実現傾向に対する私の信頼は揺らぐことはなくなっていた。

3　実現傾向を許容する環境、肯定的な眼差し、能力、褒めること

実現傾向を許容する環境

上述したように、私が運動好きになったきっかけは、身近にいた院生たちに「卓球とかバドミントンとか、サッカーとか、体を動かすことをしたいなあ」、「大人の運動会でもやろうか」と、ほとんど思い付きで言ったことに対して、院生たちが「先生、やりましょう」と無条件に関心・意欲を示してくれたことである。実現傾向が表に出てくるかどうかは、それを許容する環境が周囲にあるどうかにかかっている。

それまで私は人を誘ってまで運動をやろうと思ったことがなかったので、「やろうか」と思い付きで院生に誘いかける行動パターンが現れたことは不思議に思うのだが、そこに実現傾向が動いていたのだろう。「たまたま／偶然〜やってみた」というような言動でも、いやそういうちょっとした言動にこそ、実現傾向が働いている可能性がある。どの言動が実現傾向かどうかは分からないので、セラピストはクライエントの表出することのうち一部だけを選択するのではなく、無条件に全てを受容しレスポンスすることが重要である。configuration という比較的最近のＰＣＴの理論（Mearns & Cooper, 2018 / 2021）にも、クライエントからの非成長的な表出に対しても成長的な表出と同じように受容することの重要性が論じられている。表

出の一部だけを受容するのは実現傾向を取り逃すだけでなく、クライエントにしてみると、自分のある面だけが〝強化されている〟ことになる。そうかと言って、非成長的な表出を「受容するぞ」と思って受容するようなものではない。そういう表出に対しても受容の眼差しが自然に起こるのが無条件の受容である。無条件の受容については第八章で詳述する。

実現傾向と自己概念、能力、肯定的な眼差し

実現傾向は必ずしも能力と同義ではないが、能力としての側面を持つことはある。しかし、優れた能力を持っていても、本人にとってそれが肯定的な意味合いを伴っているとは限らない。賞やメダルを取るような人でも「私はその能力を持っているに過ぎない」、「周りの人は私の能力は褒めるけど、私のことは見ていない」と感じている人がいる。能力は周囲から見ると能力であっても、社会の一面的な基準において優れているに過ぎない。これは推測であるが、実現傾向は能力とは別の方向に向かっている場合もあるのではないか、と思う。

ＰＣＴを学ぶ人の中に、クライエントへの肯定的な眼差しを向けるつもりでクライエントの能力を褒める人がいるが、能力を褒めることは会社員が営業成績などのパフォーマンスだけで評価されるのと同じプレッシャーを感じさせる可能性があることに留意が必要である。周囲からの「いい成績」という好評価が「価値の条件」になり、優秀な成績を収めているのに、そこに実現傾向が働いて、周囲から惜しいと思われながら逆に不登校になったり、選手生活を引退したりする人がいることを知っておく方が良い。逆に、自分という人間を受け入れられていると感じるならば、能力を褒められても「その能力を強化しようとして褒めているのではない」ことが伝わる。

クライエントを共感的に理解しようとすれば、クライエントの能力を単に能力として褒めようということにはならない筈である。もし褒めるとすれば「私（セラピスト）には素晴らしいと感じられた」というだけの褒め方であり、褒めたというよりは印象を伝えているだけである。セラピストの関心はあくまでもクライエントの全体に向いている。新生児～乳幼児期の子どもの保護者の眼差しがそれである。子どものあらゆる表出に対して条件をつけずに肯定的な眼差しを持って見ている。そういう眼差しは、社会的な評価とは無関係の絶対的な肯定であり、社会的にマイナスに見られるものに対しても、肯定的に見るということである。

実現傾向を考えることは人を無条件に肯定的に見る眼差しを高める。肯定的な眼差しはしようと思ってできるものではない。普段からそのような眼差しを持てる自分を整える訓練が必要である。

クライエントの情報が自然にポジティブにまとまる

ちなみに、事例研究会などに出席すると他学派はクライエントについての情報をクライエントの病理や人格の障害のように、負の意味を持った見立てとしてまとめることが多いように思われる。私の知っているＰＣＴの仲間との事例検討では、クライエントについての情報はクライエントの肯定的な面を示すものとしてまとまる場合がほとんどである。また、私の場合、そういう見方が自分の頭の中で起こらないと、クライエントを傾聴できていないのではないか、というような気分が起こりやすい。あるスーパーバイジーは他学派の事例研究会に参加して「吐き気がした」という。会全体でクライエントを酷く言っていたから、ということだった。神田橋先生はその点、「その症例検討の場をクライエントが聴いたら、元気が出るような会になるようにしなさい」とおっしゃった。先生の考えは現代のオープン・ダイアログの先駆的な発想である。

ＤＳＭの診断を客観的な正しい見方と考える人から見ると、クライエントの肯定的な面を見ようとするＰＣＴの見方は専門家とは言えず、素人のように見えるらしい。逆に私にはクライエントの病理を探すだけの見方は甘く見える。私は、心理臨床は多様な方がいいと思うので、ＤＳＭなどによる診断や力動的な見方もあっていいと思う。というのは、医療はそのようなパラダイムに則って進展を遂げてきたからである。ところが、ＰＣＴを「診断もしようとしないとんでもない学派」と批判する人がいるらしい。その考えを狂信的とまでは思わないが、一つのパラダイムしか知らない（信じられない）井の中の蛙だと思う。

4　セラピー現場において実現傾向をどう扱うか

セラピーの失敗

以上、私が実現傾向を具体的なものとして実感するために考えてきた、生来のエネルギーが発現しようとする傾向のイメージを挙げた。このようなイメージが持てるようになってから、私は実現傾向を実際のセラピーでクライエント理解に活かそうとした。つまり、目の前のクライエントの実現傾向がどの辺りを蠢いているかを感じ取ろうとし、それを道標にすることでクライエントが自分の問題に関して自分を支えたり人生のデザインを考えたりするのに、一緒に歩んでいけるのではないかと期待した。ところがそうはいかなかった。例えば、あるクライエントはパニック発作を主訴としていた。私にはそのパニック発作そのものがそのクライエントの生きる力として、事態に対応しようとする実現傾向の現れのように感じられた。そう考えると病歴・生活歴などとも整合し、腑に落ちるように思えた。しかし、クライエントとのやり取りがスムーズでなくなってきた。私には「この部分がこのクライエントの実現傾向だ」と見えてしまい、その部分を選択的に受容したい気持ちが起こっていたのである。今にして思うと、何かしら無理をしてパニック発作を実現傾向に結びつけて考えようとしていた。実現傾向の受容という、ＰＣＴの基本の理論に基づいた正しい作業のように思えても、ある部分を選択的に受容することは、受容ではなく強化であり、ある能力だけを褒める「価値の条件」を付けることと変わらない。私はクライエントを共感的に理解する流れから外れてしまっていた。私は行き詰まった。自分の実現傾向の仮説で視野狭窄に陥ってしまっていたのである。こういう見方をするケースが三つくらい続けてあったように思う。クライエントには大変申し訳なく思っている。私が視野狭窄（第九章）に陥らないように、と考えるようになったのはこの時の経験がもとになっている。

以後、私は実現傾向とは、クライエントの中に見出すようなものではなく、せいぜいセラピーの終結後、「ああ、そういうことかも」と辛うじて分かる程度のものであり、分からないことも多いと思うようになった。私が実現傾向を考え続けてきたのは、ＰＣＴのセラピストとして実現傾向を信頼してセラピーを進めたいと思ったし、せめてセラピーの進捗の手応え感くらいは持ちたいと思っていたからであった。しかし、実現傾向という概念は、少なくとも私にとっては、そういう形で信じるものではないし、セラピー進捗の道標には使えないと思うようになった。これはあくまでも、私にとっては、のことであり、ほかのセラピストであれば実際のケースで使える可能性があることを否定するものではない。

困難に挑戦する傾向

しかし、実現傾向を個々のケースで具体的に活用しようとしなくなっただけで、私は実現傾向の存在を否定したりはせず、さらに考え続けた。そして、人は困難に立ち向かう傾向があることに気づくようになった。

人は困難な事態になると生き延びようとして何とかしようとする。酸素の巡りが足りなくなると呼吸が速くなったり血圧が上がったりするのは生き延びようとする身体の反応である。心理的な面でも同じであり、困難な事態に対して人は自分の力や周囲のリソースを用いて対応しようとする傾向がある。ＰＣＴは困難や症状を抱えてもクライエントが主体的に生きていけるように支えるセラピーである。困難の程度が酷ければ、本人が今まであまり使ったことがなかったり、自覚したことのなかった力も総動員して働き始める。何とか日々を生き延びるためのぎりぎりの努力の中から新しい能力が生まれてくるのであるが、生まれる、というよりも、元々潜在していた能力が困難な事態に主体的に対応しようとすることを通じて、表に出てくるのであろう。

さらに人はわざわざ困難に挑戦して新しい能力を発掘し、確認しようとする傾向がある。「一度しかないチャンスだから」、「できなくて元々だから」などの理由で「やってみる」というのがそれである。例えば、英会話を少し学んだ人が、外国人に向けて話しかけてみようとする気になるのも、心理臨床の技法を新たに学んだセラピストがそれを使いたくなるのもそれに当たる。経験の浅い医者は外科手術の技術を学んだらやたらと人を切りたくなるらしいが、それも能力を使う傾向の現れである。人は自分に能力や可能性がありそうだが確かでない、という時に確かめたい欲求が高まり、それを試してみたくなりやすい。そのために乗り越えるべき困難な事態を自分から探すこともある。「道場破り」はその現れである。また、ここでいう能力とは英会話とか外科手術のような体系化されたものでないこともある。例えば、目の前に古いピアノが置いてあれば、ピアノを弾いたことがない人でも、思わずキーを叩いたりするのもそれである。

こうして考えると、人は状況を把握し、自分が状況に対して何か働きかけることができることを確認するために、自分の能力を試してみようとする傾向があることが分かる。それは上述した「人間としては見てもらえず、能力だけを褒められる」という文脈の、社会の一面的な評価基準において優れているという意味の能力ではない。困難な事態に挑戦する意欲として発現する能力のことである。それは困難な状況を切り抜けたり、自分の環境や自分自身を把握しようとしたりする傾向につながるものである。これについては第四、五章で詳しく考えてみたい。

ただし、この傾向が心理職の営為として現れる時には、やたらと外科手術をしたがる医者のように、自分のセラピーやアセスメントの技能を高めたい欲求のためにクライエントを利用するようなことになりかねない。この傾向がクライエントのために使われるためには、この傾向に加えて利他の思い、無条件の受容が必要である（第八章）。

困難な事態を切り抜けようとする能力と、それを発揮させる周囲の人の支え

困難な事態に出会ってどうしようもないと思うか、何とか立ち向かおうとするかの違いは、私の運動好きを許容する環境があるかどうか、と同じく、周囲の人に受容されているかどうかが大きく影響する。小さい時からわがままを受容されている人は困難への挑戦に生きがいを感じたり、困難な事態になっても何とかして切り抜けようとする意欲が出てくる。自分を信じているのである。つまり、この困難な事態から逃げるのではなく、主体的に抱え、何とかしようとする意欲が発現する。第二章で述べた家庭教師や家の

デザイナーのような人間関係も困難を切り抜ける意欲を作り出す。ＰＣＴはこのような原理で動いているセラピーである。

実現傾向とは

現在の私は実現傾向を、上述した「その人が持っている生来の、生物的なエネルギーが発現しようとする傾向」に加え、ここで述べた「困難に挑戦し、切り抜けようとして、潜在していた自分の力をフル稼働させようとする傾向」も含むものではないか、と考えるようになった。これは私なりの実現傾向観であり、これが正しいかどうかは確かめられない。上で論じたように、クライエントの中に特定の実現傾向を見出して活用しようとするのは視野狭窄になるが、実現傾向の存在については一層信じられるようになった。

ここまでが実現傾向という概念に関する私の現在の到達点である。実現傾向を考える訓練は第八章で述べる無条件の受容の眼差しの基盤作りとして役立つことを知った。ようやくここまで到達はしたものの、私の場合は実現傾向という概念では個々のセラピーの進捗の道標にはならないことも分かった。

コラム

実現傾向の強すぎる影響

本書の原稿を提出する少し前に村山正治先生とお話しする機会があった。これこそ実現傾向だ、と思えたので、急遽、コラムで紹介する許可をいただいた。先生はご自分を振り返り、「自分は元々、先のことが気になって気になって仕方がなく、以前は心配からよく胃潰瘍になっていた。しかし、自分から主体的に先のことを心配するようになってからは、胃潰瘍にはならなくなった。自分は未来のことを考えないと落ち着かない〝未来病〟だ」と笑いながらおっしゃった。

実現傾向というのはその人を大きく前進させるポジティブな力にもなるが、一方でその人を病気にするくらいの力を持っているのだろう。その分岐点は何か？「先のことが気になって仕方がない」傾向を先生が自分のこととして主体的に引き受けた時、胃潰瘍の原因だったその傾向は、将来を大きく見据える、先生のあの大きな構想力に反転した。自分の弱みをしっかりと受け入れ、それを主体的に生きる気があるかどうか、がポイントらしい。先生は、未来のことを考えて仕方がないというのが本来の自分なのだと、確かな把握感 sense of grip（第四章、第五章）を持って受け止められたのであろう。

第四章　「何とかできそう」という感覚を求めて

1 「何とかできそう」、「何とかなりそう」という感覚

PCAGIP 法の経験から

クライエントの中にケース進捗の道標としての実現傾向を見出すことがうまくいかなかった私は、再び以前の五感トレーニングを中心に置いてクライエントの体験世界に生のまま触れようと共感的理解に努めていた。そのうちに、クライエントの中にある動きを感じるようになってきた。それは初め、漠然とした微かな感覚ではあったが、その動きが確かにあることを初めて意識したのは、村山先生から教えていただいた PCAGIP 法をやってみてからである。初めは自分の実践の中だけで温めていた感覚だったが、研究会などで説明しても理解してもらえるし、次第にスーパーバイジーのケース検討でも問題なく伝わることが分かってきたので、これはほかのセラピストにも伝えていいだろう、と思うようになった。しかし、読者の中にはこの見方は自分には合わないという人もいるだろう。そういう人は無理をせず、これは中田バージョンのＰＣＴ実務における〝ちょっとした味付け〟みたいなもの、と思ってご自分の実践に合う別の味付けを考えたらよい。

PCAGIP 法は村山先生がエンカウンター・グループやＰＣＡグループの経験から創案された方法である。当初は事例検討のグループとして始まったが、今は事例以外の問題についても、その問題を抱えている当事者自身が考えるグループとしてさまざまに利用されている。詳しくはその著書（村山・中田、二〇一二年）

を読んでいただきたいが、簡単にその手順を紹介する。

まず、事例を検討したいと思っている一人の参加者が自分の事例において気になっている問題、例えば、クライエントを好きになれないとか、セラピー経過に何か不安を感じるなど、セラピストとして抱えている問題を話す。それに対してほかのグループ参加者は話題提供者に順に質問をしていく。助言とか解釈は一切せず、ただ一人が一回に一つの質問をするだけである。話題提供者はその質問に答え、答えた内容を書記係がホワイトボードに書き込んだのを見ながら、クライエントへの対応について気づきやヒントを得たり、「またクライエントさんに向き合えそうな感じがしてきました」というような、何となく前向きのエネルギーを得たりするのである。

私は初め、それで事例検討になるのか？　と思った。PCAGIP法を知らない読者もそう思う人が多いだろう。しかし、私自身が何度も体験しているうちに、これは支えになりそうだ、ということが分かってきた。必ずしも具体的な対応が見えてこなくても、である。話題提供者は質問に答えるうちに、違う見方や理解が進み「何とかできそう」とか「何とかやっていけそう」という感触が生まれ、それが事例の担当を継続する支えとなるのである。ほかの参加者は質問しかしていないので、この気づきは話題提供者の外からではなく、本人の中から生まれてきたのである。その点で、PCAGIP法は自分への信頼が基盤というPCAの哲学が明確に反映されているグループである。

「何とかできそう」という感覚：事態に対する統制感

そのうち、事態への理解が進み「何とかできそう」という感触で支えを得るのはクライエントも同じではないか？　と思うようになった。例えば、不登校の子どもを持つある親が来談された。部屋に閉じこもっているかと思うと、甘えてくることがある子どもに対して、初めの頃は「この子が何を考えているか分からない」と言っておられた。親はセラピーを重ねているうちに、子どもはまだ登校を再開していないのに「先生、子どものことがだいぶ分かってきた気がするので、これからは自分で、子どもとの付き合い方を考えていけそうです」と言ってセラピーを離れていった。この親は当初、子どもを学校に行かせたいと言って相談に来たのに、「付き合い方を考えていけそう」という感触を得たことでセラピーに頼らなくて済むようになったのである。ほかのケースでも「何とかできそう」という感触を持てるようになるとセラピーを離れ始めるクライエントがいることが見えてきた。

考えてみると、多くの人がセラピーなど受けずに日常生活の困難の中を何とか生きているのは、「何とかできそう」という感覚をもっているからである。身体が不調の場合などでも「市販の薬があるはずだから病院には行かなくていい」、「整形外科か整体院にでも行きたいけど、とりあえず風呂にしっかり浸かるようにすれば数日はしのげるだろう」等々と私たちは考える。これらは医療の専門家から見ると間違った判断かもしれない。しかし心理的には、「何とかできそう」という感覚があることが本人を支えている。「何とかできそう」という感覚は、「自分の力や考えで」何とかできそうだという、事態に対して主体的にコントロール（統制／支配）できるという感覚である。人が心理療法その他の相談に行くのは、その感覚が薄れたり失ったりする時である。

しかし、主体的な統制感（＝コントロール感）が薄れる（失う）程度はさまざまである。例えば「どうしたらいいか全然分からない」と言って、手当たり次第に相談できそうな所に行く場合と、ホームページで調べて「ここが最も自分に合いそうだ」と相談機関を選んで行く場合とでは統制感が異なる。それが対処行動としての相談機関の選択にも影響する。

かなり多くのクライエントが病態の重さとは関係なく、その「何とかできそう」という感覚を求めているように思える。「その感覚を求めています」とクライエントが言うことは少ないので、それをセラピストがクライエントの非言語の表出やちょっとした言葉遣いの中に感受することが鍵になる。それによってクライエントへの応答も変わる。例えば、ある双極性障害のクライエントは、「からだがしんどくて、気がついたら昼も夜もずうっと寝ているという状態です」と言っていたが、ある時、「からだがしんどい時は、横になるようにしています」と言った。この二つの言い方は、行動面で言えば「寝る」という同じ行動のことを話している。しかし、言葉遣いを見ると、前者は意識的に寝るという行動を対処方法としてとっているわけではないのに対し、後者はからだがしんどい、という状況に対して、「横になる」という対処行動を取ったという主体感がある。主体感を感じた私が、その主体感に反応して「横になる、ということをしてみてどうですか？」と尋ねると、クライエントは「横になると楽ですね」と答えた。私が頷いて「今のところ、しんどい時は横になるのがいいんですね」と伝えた時、クライエントの表情が微かに変わって、納得したようなうっすらとした笑みを見せた。外側からの行動観察では、どちらも「寝る」であるが、クライエントの内面では後者はしんどさに対する主体的な対応である。それをセラピストがクライエントの言語・非言語の両面の表出から感受して応答できれば、クライエントの中ではその微かな主体感は確かさを増し、「何とかできそう」という感覚の萌芽となる。また、微かではあっても自分の主体感の高まりをキャッチしてくれる相手を得たので、クライエントの孤独感は下がる。

「何とかできそう」という感覚がもう少し明確になってくると、実際に「何とかやってみる」クライエントもいる。「専門書で○○療法を見つけたので、それをやってほしいんですが」などと言って来談する人は少なくない。苦しみの中でようやく○○療法という療法があることを知って、「何とかできそう」という統制感が生まれ、それをさらに「何とかやってみよう」としているのである。これは、統制感を求めて問題に取り組もうとして、その対処方法のツールとしてセラピーを利用しようとしているのである。

ＰＣＴを含めて対話系のセラピストの中にはクライエントからのこれらのリクエストをアクティングアウトだと考えたり、苦手意識を持ったり、嫌がる人さえいる。しかし、主体性の観点からすると、そのようなリクエストには「何とかできそう」という統制感に向けた動きが起こっている場合が多い。そのリクエスト通りにするかどうかはともかく、少なくとも、そのリクエストに込められた思いに寄り添うのが技法的には良い。「技法的には」と書いたのは、本来のＰＣＴならリクエストするクライエントの気持ちを感じ取って、寄り添いたい気持ちが自発するからである。

2 「何とかなりそう」という感覚

しかし、「何とかできそう」という感覚が持てない事態はある。その場合でも「何とかなりそう」という感覚があると支えになる。例えば、ある憂慮すべき事態が起こって大きな損害を被りそうだが、自分ではどうにもできず、どうなることか、と心配していたところ、ある人から「私たちのような場合、それほど酷い損害を被ることにはならない可能性が高い」という話を聞いた、というような場合、それが確実な情報でなくても、支えになる。部分的にでも希望が残っていることが支えになるのである。医療現場の話では、例えば本を調べても町医者を受診してもよく分からない症状が出て、総合病院で診てもらったが、そこでも診断がつけられない、ということになると、「専門家にも分からない病態だ」と、大きな不安に襲われるだろう。あるいは、医者からは「異常はない」と言われると、自分は病気を見つけてもらえないまま、死んでしまうんじゃないか？　だけど、この不安を相談しても「気のせいですよ」と言われて取り合ってもらえない、どうすればいいのか？　と、不安を一人で抱えることになる。それに対して、「いくつもの病院に行ったけど、『特に異常はありません』と言われるばかりでしたが、今の病院に来てようやく『○○病』という診断がついて安心しました」と言う人がいる。簡単に治る病でなくても、である。診断名がつかなければ、「こう治療すれば治る」とか「完治はしないけど、こういう対応が取れる」という見通しが立たない。しかし、診断名がつけば「何らかの治療法なり、対応のしようがあるかもしれない」という可能性が見えてくるし、治療の難しい病気であっても、「治療が難しいのであれば、今後、自分はどうしようか」という、次の対応を考えることができるからである。人が支えを得るうえで、情報はそれくらい重要なのである。がん告知がまだ普通ではなかった頃、周囲は本人に告知していなくても、本人は医者や家族の様子から自分は何の病気か？　がんに罹っているのか？　を察知しようとする人がいたらしい。それくらい、人は何とか自分の状態を把握しようとする。

診断どころか、検査も受けられない、となると、自分の状態を把握する手段も断たれているので、非常に不安である。新型コロナウィルス感染症がはやり始め、ＰＣＲ検査がなかなか受けられない、という時期に、ようやく検査が受けられる、というだけでも安心する人がいた。

「何とかできそう」や「何とかなりそう」という感覚を持とうとするのは、事態に対するコントロール感を少しでも手中に握っておきたいからである。逆に言うと、これらの感覚が辛うじてでも得られれば、自分はどう対応するかを考えることがようやくできるようになった、という意味での最小限の安心は得られる。

3　事態をコントロールしたい欲求

事態のコントロールは人類に共通

ここまで述べたのは困難な苦しい事態を想定したコントロール感についてである。しかし、人は必ずしも苦しくなくても事態へのコントロール感を高めたい欲求を持っている。それは世界の歴史で繰り返されている領土争いと変わらない。人はより支配を強めようする傾向がある。

余談であるが、より完全な統制に近づこうとすると、人はコントロールできていない領域を探し出そうとすることになってしまう。その臨床像が強迫心性／行動である。コントロールを完全にするために、コントロールできていない（かもしれない）領域を敢えて見つけてはそれに全力で対応しようとする。これは、自分の能力の確かさを高めようとして困難な事態に挑戦しようとするという、第三章で述べた傾向と根幹は変わらない。統制感を高めようとする結果が統制感を失うというパラドックスにならないためには、ある程度のコントロールで事足れりとする感覚、ある程度の満足でＯＫとする感覚、「まあいいか」と許す、一種の自己受容の感覚が必要である。

統制感を求めて

人が事態をコントロールすることで求めるのは、事態の支配・統制そのものと同時に、支配・統制しているという感覚である。心理臨床において重要になるのは多くの場合、事態の支配・統制よりも後者の、統制しているという感覚の方である。統制感とは事態を手中に収めているという感覚である。換言すると「いつでも支配・統制できる」、「その気になれば抑え込むことができる」という自信のような感覚であり、対象となる事態が実際には支配下になくても、「その気になればいつでも統制できる」と感じられるなら安心していられる。統制感を持つためには、「その気になればいつでも統制できる」と思える情報が必要である。

新型コロナウィルス感染症が日本で話題になり始めた頃、「トイレットペーパーがなくなる」というデマが流れ、買い求める人が殺到し、一時品薄になった。この感染症が大変なものかもしれないという不安が人々の間に広がり始めた頃だったので、確実でない情報であっても人々が飛びついたのである。つまり、われわれは何か困難や不安に出会うと、それに対応するために、何が起こっているのかの情報をまず得ようとする。情報が少なければわずかな情報でも貴重なので、偽りの情報でも飛びついて行動する。デマやある種の詐欺はそれを利用している。情報を少なくするテクニックとしては、例えば「今、ここで契約したら、この超格安価格でお求めいただけます」と言って考える暇を与えないなどのやり方もある。

逆に情報があることは安心につながる。以前、大型船の沈没で多数の方が亡くなった事故があった。多くの乗船者は沈没する船の中でパニックになっていたという。ところが、数少ない生存者のうちの一人は「自分は地元出身なので、この地域の海のことは知っている。今は海のどの辺りにいるか、だいたい見当がついているので、いざとなれば何とか泳げば、どうにかなると思っていた」と、落ち着いていたという。つまり、情報を持っているので、何とか対応できるという感覚があったのである。船が沈むことには抗えなくても、事態を把握しているという気持ちがその人を支え、対応の可能性を考えさせている。状況に対応できそうだ、という感覚があることが、無力感に陥ることから人を守る。

また、人はずっと先の状況まで見通せていなくても、「とりあえず、あそこまで行けそう」というような目先の小さな統制感をつないで何とか困難に対応しようとする。つまり、人は困難な状況に出会うと「何とかできそう」あるいは「何とかなりそう」という感覚をもたらす情報を得ようとする。

情報がない場合はどうか？　その場合は「情報が入るかもしれない」というだけでも安心する。「情報が入るかもしれない」ということが「貴重な情報」なのである。「あの人が相談に乗ってくれるかもしれない」とか、「明日になればそれが分かるかもしれない」ということが貴重な情報となって、人に落ち着きをもたらす。

そして、その情報が正しくなくても情報があることで人は落ち着きを持てる。「自分は十分な情報に接している」と思っている人は、それがフェイクニュースの類のものであっても、フェイクニュースと知らなければ精神的に不安にはならない。情報管理がいかに人の心を操るかが窺える。

もっと臨床的な状況を考えてみよう。どこの医者に診てもらっても診断がつかないという症状について、霊媒師から「霊がついていると言われて腑に落ちた」という人がいる。その内容が正しいかどうかは分からない。しかし、それまで、なぜこうなるのか何が何だか分からず、何も考える手掛かりとなる情報がない、と感じていたのである。それがどんな気分かは、例えば、ただズブズブと泥沼に落ち込んでいき、何も摑むものがない状況がいかに恐ろしいかを考えてみると想像がつくであろう。米国の調査で占いや霊能者の収入の合計が心理療法家の収入よりも高かった、という話を聞いたことがある。人は高いお金を払ってでも自分に合う情報を求めるのである。地獄のような日々を送っていた平安末期の人々が、「念仏を唱えたらお浄土に行ける」という法然上人の教え（情報）によって、どれだけ生きる力を得たことだろう。

こういう類の話に対して「科学的でない」、「愚かな人間」と考える人がいるが、そういう人は、人を心理的に支えるのはエビデンスではないことが分かっていない。

なお、微妙なのは「情報が入るかもしれないが、入らないかもしれない」という情報の場合である。その場合も、今後の情報入手の可能性がどの程度か？　どうなったら入手できるのか？　などの情報がある方が対処可能感を高める。「明日まで連絡を待ってみよう。もし連絡がなければこうするしかない」というように対応を決めやすくなる。

人が情報を得ようとするのは心理的な安定のためだけでなく、生来のものらしい。ヒトが五つもの感覚受容器官を備えていることは、生きるうえで外界の把握がいかに基本的なことかを示しているように思える。一歳にも満たない子が自分の周囲にある何にでも無邪気に関心を向け、手に取って握ろうとするのも、外界を把握しようとする動きが遺伝的に備えられていることを思わせる。昔、感覚遮断の実験というのがあった。感覚遮断が続くと幻覚が起こるなど精神に不調をきたす、という結果だった。外界の情報を得るのは自己を確かなものとして維持するのに欠かせないことが分かる。ヒトは五感どころか第六感を利用してでも何とか知りたいという欲求を持っている。また、難しい問題にチャレンジすることも、自分の生命のリスクを負ってでも未開の地に行ってみたいなどの好奇心をもつのも、把握しようとする動きであり、これが人を成長させ、文明を進めてもきた。

心理職も情報を求める

心理職も情報を求める。クライエントについて何も知らない、というのは不安である。アセスメントには「この人は○○だ」という、とりあえずの分類をすることで何とか精神安定を得る面がある。分類できない場合でさえ、「分類不能」という分類名を作るなどして把握しやすい情報に変換し、精神安定を得るのである。もちろん、アセスメントによって精神衛生を得る必要がない人も少なくないだろうし、精神衛生を得ることが悪いわけではない。ただ、その側面に気づかずにアセスメントする自分を専門家だと思い込むのは心理の専門家とは言えない。血液型で性格を分類して、人のことが分かった気になるのと変わらない。

ＰＣＴのセラピストも情報がなければ精神的に不安定であるのは同じである。ＰＣＴではその情報を診断分類や既存のツールによるアセスメントからではなく、クライエントとの出会いから得る。そのため、クライエントのことが分からないと思っているセラピストほど、分かろうとして共感が自然に濃やかなものになる。濃やかにならないのは、分かってないのに分かっているつもりになっているからである。

4　心理臨床場面に関する情報

クライエントは問題や症状を抱えて来談しており、少しでも安心したいと思っている。多くの場合、「何が自分に起こっているのか分からず不安」、「自分はどう対応したらいいか分からず不安」など、自分自身が把握できないという不安を抱えているので自分について情報を得ようとする。そのため、「心理検査をやってください」、「インターネットでチェックしたら発達障碍だったんですけど、本当に発達障碍でしょうか」などと言うのは自然なことである。また、それ以外にも自分はカルテにどう書かれているのか？

セラピストは本当はどう思っているのか？　自分は改善に向かっているのか？　などが分からないという不安もおそらく抱えている。口に出さなくても、クライエントはそういう不安を抱えているかもしれない、とセラピストは思っておく方が良い。こうした心構えは共感的理解を補う。

セラピーというものについての情報

クライエントにとって把握できない状況の一つがセラピー場面、特にPCTのセラピーである。セラピストがクライエントの話を聴いて、そこから専門家としての判断をして技法を用いるのであれば、医療と同じ進み方なので、クライエントには馴染みがあるだろう。ところが、クライエントの話を非指示的に頷いて聴くことが主となる面接場面は初めてというクライエントも多いだろう。そのため、クライエントにどう説明するかの参考として第二章に私のインフォームド・コンセントの例を挙げた。セラピーの行い方、考え方や時間などについて説明をするのだが、契約時点の今だけでなく、後からでも質問できるということを伝えておくのが望ましい。後からでも質問できる、ということも一つの情報であり、それがあることでセラピー場面についての把握感が増す。

セラピストについての情報

クライエントにとって分からないことのもう一つはセラピストその人である。この人は何を考えているのか、どういう人か、経験はどのくらいあるのか、本当に私の話が理解できているのか等々、知らない人に頼る立場に身を置く者として当然の疑問が起こる。さらに、この人は何歳か、子どもはいるのか等々のプライベートなことも気になる。実際、「先生は何歳ですか？」などのプライベートな情報を尋ねるクライエントもいて、そう尋ねられることに苦手意識を持つセラピストがいる。しかし、これもクライエントにとっては当然の疑問である。なかでも、「このセラピストは、うんうん、と頷いているが、心の底からそう思っているのか、演技ではないのか？　分かっているのか？」という思いは、裏切られて酷く傷ついた生育歴などを持つクライエントであれば、抱えて当然の警戒である。作りものの受容的応答は深い関係性relational depth が生気するのを阻む（Mearns & Cooper, 2018 / 2021）。そのような生育歴を持っていなくても、セラピストについて把握が進むと、無用の疑問で不安にならなくて済むし、セラピーをどう活用するかを主体的に考えることができる。

セラピストである自分はどういう人間であるかに関する情報は、精神分析の影響か、心理療法の業界全般でセラピストの「中立性」として、クライエントに言わないことが重要だと考えられているようである。しかし、ＰＣＴではその考えはほとんど有害である。セラピー初期のセッションで全て伝えられないにしても、心理的安全感を提供するためには早く伝えるほうがよい。reflection をすることでさえ、ＰＣＴのセラピストにしてみると当たり前のことであっても、クライエントにしてみると、「この先生は私の言葉をオウム返しするだけ」と思う人もいる。また reflection を自分を隠すための隠れ蓑にしているセラピストもいる。なぜ、reflection をするのかについても契約時点で説明するのがＰＣＴの倫理であるし、効率の点からも必要である。クライエントにしてみると、セラピストはどういう人で、セラピーとはどういうものかなどが把握できないと、「セラピーを活かして何とかしよう」という主体感を持てない。クライエントからの質問やリクエストはクライエントの主体性の現れであり歓迎すべきである。ただし、何でも答えられるとは限らないので「内容によってはお答えできないものもありますが、○○さんが気にしたり不安になったりしないように、できるだけお答えするようにします」というように、趣旨と共に付加しておくべきである。それもヤラピストがどういう人かを構成する情報である。

ＰＣＴにおいても、セラピストは「自分個人に関する情報を開示すべきでない」、と考える人もいるだろう。私は自分に関して情報を開示することは、理論的には自己一致した自分を透明にして表明することに該当する、と考えている。それがクライエントの建設的変化にとって強烈な作用を持つことを論じたのが『「深い関係性」がなぜ人を癒すのか』（Mearns & Cooper, 2018 /2021）である。もちろん、全てを言わなければならない、という意味ではない。クライエントがこの状況の中で主体的に動けるためには何を伝えるべきかは、その時々によって異なる。

5　心理療法の中心テーマ：自分自身

自分自身についての情報

しかし、クライエントにとって中心となるテーマの多くはセラピー場面やセラピストではなく、クライエント自身のことである。その典型は「自分がどうしたらいいのか分からない」、「何でこんな自分なのか分からない」などの「自分が分からない」である。当初の主訴は自分に関してでなくても、セラピーが進むにつれ、自分自身を振り返り、捉え直すという流れになる場合が多い。来談当初、「心理検査をしてほしい」、「私の診断は何でしょうか」と外的基準に自分をはめようとしていても、セラピーを重ねていくとやはり自分を振り返る流れとなって、心理検査や診断を求めていた当初の要求は、その現れだったと分かることが多い。

では、情報をもらいさえすればそれで良いか、と言えばそうでもない。例えば、あるクライエントは自分の感覚では明らかに頭部に違和感があり病気だと思うのに、「医者から診てもらうと異常なし、と言われ、じゃあ、この違和感は何？」と言う。別のクライエントは「医者から心身症と診断されたが納得できない、何でそんな診断になるのか」と言う。つまり、専門家から与えられた情報が医学的に正しくても、クライエントにとって自分が納得できる情報とは限らない。医学の診断と心理的な納得感は異なるからである。「頭に違和感」や「心身症と診断されたが、納得できない」というのが当のクライエントにとって生きた主観的体験である。ＰＣＴではクライエントの主観的体験として支えを得たと思えるように心理的にサポートする。

クライエント本人が納得できる情報は本人の内側から得られることが多い。心理療法で中心テーマとなるのが自分自身のことになるのは、一つには自身の内側から自分で納得できる情報を探ろうとするためである。もう一つは、状況に関する有益な情報ソースが外側にはもうなくなったり、外からの情報に納得がいかなかったり、事態に対応できなかったりする場合に、その事態に内なる自分がどう反応しているか（感じているか、考えているか）を把握することで、自分に与える事態の影響を少しでも把握しようとするためである。

ところで、主観的・心理的体験としての支えがなくなると、医療そのものもできなくなる場合があることは、エレン・ウエスト（Rogers, 1961a / 2001）という患者の症例が示す通りである。彼女は自分の判断がことごとく医者から退けられるため、自分が感じている感覚も間違いだ、自分を信じられない、と思うようになり、最後は自死という結末を招いた。この症例が示しているのは、情報が得られないことよりも、情報を求め、考える主体である自分自身が信じられないことの方がもっと酷い、ということである。ロジャーズはこの症例を読んで、自分だったら必ず助けになれたと思うと書いているが感覚的に分かる気がする。ＰＣＴのセラピストがもしエレンを担当したら、自分を信じられない、と言うエレンを信じることからセラピーは始まるだろう。それによってエレンは「信じられない」と判断する自分を信じられるようになる、とほぼ予想できるからである。

セラピーで求める自分についての情報の典型は「意味」

クライエントが心理療法で得る情報の典型は「気づき」とか「意味」と言われる。言い換えると自分のことをしっかり把握できたと思える情報である。クライエントの話は当初、外的な状況についてであっても、徐々に「この身体の違和感は何を意味しているのか」、「何で私だけが、職場で嫌われるのか」、「どうしたら私はこの状況を乗り越えていけるのか」など、意味を求める問いに焦点化されがちである。その意味を見出す作業、いわゆる「内省」こそ対話による心理療法の固有の営みである。「意味」という概念を使った理論にはフランクルの実存心理療法やフォーカシングがあるが、「意味」という語を使っていなくても精神分析における「洞察」やＣＢＴにおける「不合理でない信念」、その他の療法における「気づき」なども「意味」である。

自分をしっかりと把握できたと感じさせる「意味」こそ自分を支える。自分を本当に把握できているとは、必要十分条件の概念を使うなら自己不一致だったクライエント（第二条件）がセラピーによって「自己一致」に至っていることとほぼ同義である。自分を把握する「意味」は当然のことながらクライエントによって異なるし、どれが自分を本当に支えるかは、そのクライエントにしか分からない。

医療における診断情報や、「不合理でない信念」なども自分を支える「意味」になり得るが、そのように外側から与えられたものはほとんどの場合、一時的に自分を支える仮支えのようなものである。つまり、支えとなる情報がない場合には、わずかであっても、あるいは間違っていても、何とか情報を得て人は生きていく力を得るという点では、それらの外側から導き入れられた考え方も支えになる。しかし、本当に自分を確かに支えるという「意味」のほとんどは本人の中から生まれる。その点、精神分析における洞察やCBTにおける不合理な信念を修正することで生まれる「(合理的な) 考え方」などは、クライエントから出てくる意味とはいえ、その意味内容についてのある程度の方向性をセラピストが設定したところから出てくるものである。フォーカシングは内容面での方向性は示さないが、意味を見出す方法についての情報はセラピストが握っており、それでクライエントを促し、導く。その点、PCTは何の方向性も示さず、お膳立ても方法の誘導もせずに、極めて〝天然〟に近い状態でクライエントが「意味」を見出すプロセスを共に歩む。そのため、PCTには〝天然物〟の素材を扱う濃やかな職人芸のような難しさがある。

外側の状況について語り続けるクライエント

「意味」とはこのように自分自身を内省して得られる情報の典型であるが、自分の外側の状況であっても自分のこととして捉えると、そこで得られる情報は「意味」となる。例えば上述の、不登校の子どもの親のセラピーにおいて、子どもというのは親子であっても自分とは異なる、自分の外側にある存在である。それでもセラピーが深まると、子どもが学校に行かないことは自分にとってどういう意味をもつのか、行かせようとするのは自分にとってどういう意味があるのか、などに話題が及ぶ場合が少なくない。また、別の場合として、外側の現実を深く認識する場合も、語られているのは外側の状況であるにもかかわらず、それが「意味」であることがある。例えば、「人は必ず一人で死ぬものです」は外側の話とはいえ、深い「意味」になり得ることが分かるだろう。さらに言えば、「今日は雨が降りましたね……」という言葉でも深い「意味」を持ち得るのである。

なかには、いつまでも外側の状況ばかりを話すクライエントがいる。心理療法の業界では、そういうクライエントを「内省が足りない」、「いつまでたっても会話が深まらない」などと言う風潮がある。私も長いことそう考えていた。しかし、そういう考えから距離を置いてクライエントの話を生のまま共感的に理解しようとして聴いていると、クライエントは自分の外側の状況を繰り返し話すことで、外側の状況を一歩一歩かみしめながら把握しようとしている、と感じられることが多い。それを「内省が足らない」などと考えるのは、長く続く歩みの中の微かな前進を感じ取れない私の共感性の低さだった。クライエントに大変申し訳なく思う。

「内省が足りない」などと言われるが、自分が置かれている外側の状況を語ることで状況を深く受け止め、そこに「意味」を見出そうとすることがあり得るのである。「まだ実感として受け止められない」とか「まだよく呑み込めてない」などという人はある種の解離が起きているために、状況を把握するのに時間がかかることがある。想定外の災害・被害に遭ったような人の体験を考えると分かるだろう。したがって外側の状況を話し続けるクライエントに対しては「外側の状況は十分理解できましたか？　理解できなければいくらでも考えてもらっていいですよ。一緒に考えましょう」という気持ちが起こることが無条件の受容であり、それが何らかの形で伝わる（第六条件）ように配慮するのが望ましい。

ところで、プレイセラピーでは子どもがセラピストを困らせるようなことを仕掛けてくることがある。それが子どもの攻撃性などと解釈されることもあるが、子どもはセラピストという外側の状況を把握しようとしてそのように仕掛けている、と考えると了解できる事例は少なくない。したがって、セラピストが子どもの仕掛けてくることに対して自分の中に沸き上がる反応、例えば「痛いからやめてほしい」などをある程度 genuine に、子どもに伝わるような形で表出するほうが、子どもにとって外側の状況であるセラピストのことがよく把握できる。子どもに伝わるような形で表出するには、その布石としてそのような表出が可能な関係を作れていることが必要である。もちろん、セラピストが子どものすることに対して起こる反応を純粋にキャッチ（自己一致）できることが前提である。

6　情報に関するPCTの考え方

情報→対応→情報……という循環

得た情報から、状況に対して自分で「何とか対応できそう」という統制感がある程度持てるならば、それ以降は次第に人を頼らなくて済むようになるし、クライエントであればセラピーを離れることができる。それならば、統制感を含む情報を与えればよいではないか、ということになるが、PCTのセラピストは基本的に情報を与えないこと、つまり非指示的である場合が圧倒的に多い。それは、クライエントにとって統制感を含む情報かどうかは、クライエントにしか分からないからである。また、仮にセラピストが統制感を含む情報を与えることができたとしても、クライエントにしてみると有用な情報はセラピストから提供してもらっているので、自分で統制感を得るという体験にならない。それでは自分を信じる、といことにならない。

また、「何とか対応できそう」という情報を得ても、その確かさによっては実際に対応して確かめてみないことには安心は得られないことも多い。そのため、クライエント自身でそのような情報を見つけても、実際に対応を試行錯誤しながらより確かな対応を探す、ということもある。「何とかできそう」という情報から実際に対応を試してみて結果を見るほうが確実なデータが得られるからである。その対応がうまくいかなければ、うまくいかないということも把握感のある情報となる。クライエントは情報を修正すべきとはっきりと分かる。この、情報→対応→情報……というループを巡ることは、主体的に生きようとする生物に共通する学習プロセスである。むしろ、「何とかできそう」という情報だけで解決した気分になるのは、実際に対応できない場合でも自分を支える、知的生物としてのヒトに固有の代替対応である。

実際に試してみてうまくいかない場合

しかし、クライエントは対応を試してみてうまくいかないと、情報を修正するのでなく、「やっぱり私はダメだ」というネガティブな自己評価に陥ることがある。そこで、私は神田橋先生から教わった「実験として行う」という方法を用いて、クライエントに「実際にはいろいろな場合があるし、状況が変わることもあるので、やってみて、それでうまくいかなかったら、また別の方法を考えましょう」と、あらかじめうまく行かない可能性を受け入れていることを伝えたうえで試みてもらうようにしている。それは、①私が「人生には、別の方法が必ずある」と信じているからであり、また、②方法が一つしかなく、それに賭けるような気持ちだと、失敗した時に後がないからである。そして、③別の方法があることをセラピストが信じて疑っていないことが、クライエントに失敗することも許容される風土を作り出すのであり、中核条件の理論で言えば、失敗する前から、失敗してもあなたを受容（第四条件）する準備がありますよ、と伝えている（第六条件）ことにあたるからである。

ところで、対応がうまくいかなかった、ということも把握感のある情報となる、と上述した。これは大事なことである。人生の問題は何でも対応ができるわけではない。対応がうまくいかないことはたくさんある。そのことを自分自身のこととして十分に受容できると、むしろ、そこから新たな展開となる事例は多い。例えば、ロジャーズはある母親とのカウンセリングで精神分析的解釈を重ねたがうまくいかなかった。それが非指示的療法の誕生を導いた。

ところで、クライエントはうまくいかなかった結果を受け入れようとしているのに、セラピストはそれを感知できず、クライエントを何とか元気づけようとして、諦めかかっているクライエントを励まそうとすることがある。セラピストが個人として、人生は対応がうまくいかないことがたくさんあるということを受け入れられないと、クライエント側のこのような動きを感受できない。ＰＣＴのセラピストであれば、諦めは静かな安らぎがあることを実感として経験しておく必要がある。

クライエントとセラピストの情報→対応のスピードの違い

ところで、クライエントは外側の状況を把握するのに時間がかかる場合があるように、対応のための情報を得ても、それに応じた対応に移行するのに時間がかかる場合がある。例えば、「では、このように〜やってみて、次回にその結果がどうだったかを話し合いましょう」と「実験」することに合意していても、その次のセッションで、クライエントが「〜する時間がなかった。体調が悪かった」などと言うことがある。実際、体調が悪いこともあるが、そうでなく、セラピストにとっては情報Ａ→対応Ｂ、という流れは論理的に正しくても、クライエントにとっては飛躍し過ぎなことがある。いや、その方が多いという印象を私は受けている。セラピストから見たら対応Bという行動をとるのは一歩前に出るだけのことに思えても、クライエントにしてみると一歩どころか巨大な壁のように感じられているからである。まず、壁を上る決心をするだけでも時間がかかる。技法系の心理療法がうまくいかない場合の理由の一つはこれである。脆弱な状態にある人ほど論理では動けない。クライエントが対応Bに移らないことにセラピストがイライラしたり、「やる気がないのか！」と批判したくなるのだとしたら、共感も受容も起こっていない。このような場合、クライエントが対応Bを取るのを待つのではなく、「前回、Bをやってみましょう、ということになったのですが、○○さんには、やりにくいなあ、というような感じがあったのかも、と思いました。人によってやりにくさはさまざまあると思うので」などと言って、対応Bが取れなかった理由とか、「対応Bにすぐに取りかかれない」と言えなかった理由を語れる場を作るように配慮するのがよい。そして、「対応Bが取れないならば、ほかの対応を考えることもできるので、無理して対応Bをしなくてよいと思っている」と伝えるほうがよい。技法的にはこのような応答になるが、本来は情報AからBに移ることがクライエントにとって大きな壁となっていたことを感じ取れなかったことを思い、クライエントの主観的な心的世界にもっとしっかりと入り込もうとする動きが自発するのがPCTのセラピストである。そのような動きが自発する自分を訓練で整える必要がある。

PCTの風土

ちなみに、企業や組織で働く人が適応障害や気分障害を発症するのは、その職場がブラック企業の場合だけではない。「お前は～という立場なんだから、これはお前の仕事だ。だから、やってくれ」というような、〝論理的には正しい〟理由で莫大な仕事量をするように追い詰められた結果、抗うつ薬をもらいに来る人が市中のクリニックに溢れているのは周知の通りである。

ＰＣＴを目指す人は効果的なパフォーマンスだけが評価される現代の風潮がクライエントを生む要因の一つになっていることを思い出してほしい。また、「○○を頑張ったけどできなかった。悔しい。できそうだったのに……」と言える親子関係と、できなかったというその結果だけで評価される親子関係の違いを頭に置いてほしい。失敗してもしなくてもその人を受け入れるのは、その人の全体を受け入れているからである。それが無条件の受容である。そういう風土があるからこそ、クライエントは「何とかできそう」という感覚を自分なりの試行錯誤で確かなものにしていける。ＰＣＴはこのような心理的風土を提供するセラピーである。

私はこのような人間観を持つ学派としてＰＣＴの存続が現代において重要だと考えている。

コラム

混沌としていた時期、どう生きていたか?

今思い起こすと、私には「混沌としていた」とでも言える時期がある。神田橋條治先生のスーパービジョンを終え、エンカウンター・グループのファシリテーション論についての学位論文に取り組んでいた数年間である。スーパービジョンでの学びを含め、既習の知識や経験がクライエントの体験世界に共感的に接近するのを妨げていると感じるようになっていたのである(中田、二〇一九年)。私の臨床実践を支えていると感じているのに、である。学位論文執筆という研究者の独立の儀式に臨んで、実際においても自分の頭で考え、自分の生の身体で感受しようという、自立の動きだったのかもしれない。第三章に書いた、実現傾向を目の前のクライエントの中に見ようとしてうまくいかず、さりとて実現傾向という考え方を捨てるわけでもなく、考え続けていた時期である。文献の読み方や心理臨床学会への参加の仕方も変わってきていたし、地域臨床に惹かれるようになった時期にも重なる。

セラピーでは既習の知識や観念から距離を置くことに留意し、以前から続けていた五感トレーニングと離婚融合(付録参照)、フォーカシング(それぞれ神田橋先生、村山正治先生から教わったものだが)をベースにした心理臨床に戻り、地道に自分の内部の感覚に沿ってやろうとしていた。今思うと、ロジャーズの人間論「何よりも自分自身を信じる」を目指していたらしい。

第五章　把握感 sense of grip を求める対話

1　把握感 sense of grip を求める

自分で把握できたと感じさせる「意味」を求める

前章までの内容をまとめておく。人は問題となっている事態に対して「何とかできそう」とか「何とかなりそう」と思える情報を求める。ほとんどのクライエントは問題となっている事態に対して外的な情報ソースからはそう思える情報が得られなくなって来談する。そのためセラピーでは概して、自分の内側に何か有益な情報はないかと探る動きがクライエントに自発する。クライエントが「何とかできそう」と感じられるのは、多くの場合、自分を本当に把握できた、と感じさせる「意味」を得た場合である。それは「意味」とか「気づき」、「洞察」と呼ばれる。ただし、本当に自分を把握できたと感じる「意味」かどうかはクライエント当人にしか分からない。クライエント当人が把握感のある「意味」を見つけるためにはクライエント自身が中心となって探索してもらう必要があるので、それを「クライエント中心」とか「パーソン・センタード」で行うのである。セラピストの仕事は主人公であるクライエントが意味を探すのを後方から支援することである。

心の中で悩む場合との違い

まず、ＰＣＴというセラピー状況に限らず、問題を言葉で表現すること自体が同じ問題を一人で心の中で抱える場合に比べて、把握感を生じやすい構造になっていることを指摘しておこう。悩みを言葉にすることは多くの場合、自分は何を、なぜ悩んでいるのか、などについて話すことになるので、自分を把握すること、すなわち「意味」を得ることを促す。つまり、悩みを口にすること自体が潜在的に治癒力を持ち得るのである。この、悩みを口にすることの大きな治癒力、さらには聴いてもらうことによる大きな治癒力を最大限に活用したのがロジャーズである。

心の中で悩む場合は悩みについてもその解決方法についても感じや連想、イメージが混然とした塊となって、とりとめなくぐるぐると回ったり、膨んだりしがちである。いったんそうなると、コントロールが利かなくなり、抜け出せなくなる。言い換えると「問題に巻き込まれている」とか「問題から距離が取れなくなっている」状態である。連想が巡って別のことを考えているうちに、問題から離れる場合もあるが、自分でコントロールしたわけではないので、コントロール感は持てず、次に同じような問題が起きると、やはり巻き込まれて抜け出せなくなりがちである。

ところが、人に問題を語るとなると、まず語ること自体に「私はこう見た」、「私はこう感じた」など、そこに必ず私（I）が登場する。日本語の特徴として主語を省きがちであっても、そこには私（I）が存在する。また、語られる文章の主語が私（I）でなくても、そこには必ず私（I）が主体として含まれている。例えば「同僚たちが笑っているように思ったんですよ」、「父は子どもを褒めるような人ではありませんでした」という文章の主語は私（I）ではないが、私（I）の観察や考えが述べられている。「珍しい花がありました」のような風景描写でも、やはりそこには観察した私（I）がいる。反対に、一人で悩む場合であれば、頭の中にあるのは職場の同僚たちが自分を嘲笑したように見えたイメージや父親の表情のイメージ、そしてその時に自分が感じた不快な気分などであり、「私はこう見た」、「私はこう感じた」という形の体験ではない。つまり、問題を人に語る、ということは「私（I）は状況をこう見ました」あるいは「私（I）は自分自身（myself）をこう感じます」という構造の体験であり、一人で悩む場合の問題がひと塊となっている体験とは構造が全く異なる。言い換えると一人で悩む場合はひと塊だった問題が、人に語るとなると私（I）と対象とに分かれるのである。すなわち、問題の対象化が起こるのである。問題から距離を取って俯瞰するという体験となる、とも言えるだろう。例えば、一人でいる時には悲しくて涙が出てくるのに、セラピストに「悲しいんです」と言う時は体験を俯瞰する分、体験から距離ができてしまって涙が出なかったりする。

また、問題を語ることは問題を表す言葉を探し、文章という形で表し、音声という感覚データで表すことである。つまり問題が言葉、文章、音声という形あるものに置き換えられて表されるために、とりとめなくなりがちな一人で悩む体験に比べて、体験の構造がはっきりし、形が見えやすくなる。この時、内的な体験としては、どういう言葉で表すのがいいか、自分の語りは問題をきちんと伝えているか、論理的におかしくないか、と考えることが起こりやすくなっている。例えば、もし別のことに連想が飛んで、話題を変えるとなると、「ところで、なぜかある事を思い出したのですが……」、「先生にお話ししながら気がついたんですけど……」というような接続句を入れざるを得なくなったりして、自分の中で考えが飛んだことやその経緯も明確に意識される。それに加えて、セラピストからの質問に答えたり、曖昧な表現になっていることに自分で気がつき、言い換えることによって、問題を明確に見たり、新しい情報を得たりする、ということが自然に起きやすい。このように、対話の中で問題を語ることは一人で頭の中で悩む場合に比べ、問題の整理が進み、対象化が進むのである。その分、把握しやすくなり、扱いやすくなる。そのうえ、クライエントは語ることで、さらにより良い把握の形を探る動きが加速する。クライエントにフォーカシングが自発するのも、より良い把握を探ろうとする動きの一つである。

　このような対象化は対話以外の媒体でも起こる。例えば絵や音楽などの芸術表現や日記などによっても対象化が起こる。それが対話よりも把握しやすい対象化になることもある。芸術や日記が療法として有効な理由の一つはそこにある。

把握感 sense of grip

　こうして問題の対象化が進むと問題を把握しやすくなり、とりとめもない連想で一人で悩んでいたのと違って事態を手中に収めているという統制感が起こりやすく、「何とかできそう」という感覚が高まりやすい。困難な事態が起きてもパニックにならず、人の手を借りずに、対応の仕方を冷静に考える落ち着きを持てる。そして、さらなる把握感を持とうとして主体的に対応しようとする気分が起こる。日常の会話でも、誰かに「話を聞いてもらってすっきりした」という感じを持つことがあるのは、問題の解決の道筋そのものは見えていなくても、問題のとりとめなさが縮小し、その分、把握感が増し、「何とかできそう」あるいは「何とかなりそう」という感覚が膨らむからである。つまり、問題を人に語ろうとすること自体が、問題に対して主体的に把握感、統制感を持とうとする推進力であり、自分を成長させようとする傾向の一つと言えるだろう。問題が重篤でなかったり難しくない事例であれば、セラピストにただ話すだけでも良くなる人がいるのはそのためである。

　私の語彙力では把握感や統制感、主体感を総合したその感覚にぴったりの日本語を見つけることができない。敢えて言葉にするなら英語を用いて sense of grip が近いように思われる。この grip は、「あの軍の動きを完全に把握している」という意味合いや、「ジョン、しっかりしろ（Get a grip, John）」（映画『ターミネーター2』に出てくるセリフ）という意味を含む語である。そこで、本書ではそこに「感覚」を意味するsenseを加えて「sense of grip」とし、以後、「統制している感じ」、「摑んでいる感じ」、「何とかできそうな感じ」、「主体的にコントロールできる感じ」などが入り混じった意味の語として、主に「**把握感 sense of grip**」と表記する。文脈によっては、強調点が「統制感」や「主体感」になることもあるので、その場合にはそれらの語に入れ替えたり、文章の自然さを保つために「把握 sense of grip」などと表記する。

2　把握感 sense of grip を持ちやすい場合

ところで、ＰＣＴを受けていたあるクライエントが「セラピーにお土産がない」と言った、と聞いたことがある。ＰＣＴは基本的には対話しかしないので、クライエントにとっては「何かをやった」、「何かを得た」という把握感 sense of grip が少ない場合があるだろう。把握感 sense of grip はセラピーの推進力なので、できるだけはっきりした把握感 sense of grip が持てるほうがよい。どういう場合に把握感 sense of grip を持ちやすいだろうか？

明確に異なるもの・こと、あるいは形がある場合

把握感は形があって物理的に見たり触れたりできるものの方がはるかに大きく、確かさが得られる。また、身体を動かしたり特殊な部屋に入ったり、普段とは違うことをする方が把握感が持てる。研修会など

では資料がもらえないと学んだと実感できない人がいるらしい。同じ資料がウェブに掲載されても学んだ、という感じが持ちにくい人もいるらしい。これは揶揄しているのではない。五感を備えたヒトという動物として、感覚器官を用いないと実感が持ちにくいのは自然なことである。便利になることは苦労が減ることであり、実感する機会を奪う。

技法

対話系の心理療法はある意味では日常の会話と変わらないので、特殊な体験活動をする技法系の心理療法に比べ、「ただ、話しただけだった」という感想になりやすく、把握感 sense of grip が得にくいらしい。対話系の心理療法を受けたクライエントが「三年間何をやったのか分からなかった」と言った、と読んだことがある。その点、CBTや描画、自律訓練法、フォーカシングやマインドフルネスなどは体験的な技法なので、「確かに何かをやった」という把握感 sense of grip を持ちやすいだろう。ゲシュタルト療法や自己主張訓練のように、声をはっきり出したり身体を動かすような技法になると把握感 sense of grip はさらに大きい。要するに技法は**把握感プラセボ**とでもいうべき作用が働きやすい、ということである。相談料金もある程度高い方が把握感 sense of grip がある。その点、専門家の助言も示唆も技法も使わず、専門家の素振りを示そうとしないPCTは把握感プラセボがない分、対話系の中でも特に不利である。

その事情はセラピストも同じである。何か技法を行う場合は「やった」という把握感プラセボを持ちやすい。中核条件だけのPCTでは、セラピストとして「何かをやった」という把握感 sense of grip を持ちにくい人がいるのはそのためである。

専門的な情報

技法だけでなくアセスメントの所見や専門的な情報もクライエントにとっては把握感 sense of grip を持ちやすいだろう。また、「原因はこれですよ」、「この技法をすれば効果が出ますよ」、「別居した方がいいですよ」などと専門家として明確に言われるほうがクライエントにとっては目鼻立ちのはっきりとした情報であると感じられるので把握感 sense of grip があるだろう。セラピストの方も専門的知識を言うほうが、「自分はセラピストとしての仕事をしている」という把握感 sense of grip が持てるであろう。

セラピーにおける確かさ

人は把握感 sense of grip を求める動物である。ところが、現代社会では自然や人に触れることが減り、把握感を持ちにくくなった分、それを補うべく、強い把握感が持てるような行動に駆り立てられやすい。パソコン上のゲームで戦うより実際に戦う方が五感を通じた物理的な体験なので把握感が大きい。結果として犯罪を犯したりするのは良いことではないが、今の社会では起きやすいことは理解できる。

プレイセラピーにおいて、子どもが「危ない」と思うような行為をしてくるのは、もちろん、さまざまな理由があるだろうが、一つにはその方が子どもにとって把握感があるし、それをセラピストに仕掛けるのは、セラピストの生の反応を見やすく、セラピストの存在の把握感 sense of grip が持てるからである。したがってセラピストの中に起こる感情を透明にして伝える（自己一致）ほうが、何でも〝受容〟しているような顔をするより子どもには把握感がある（もちろん、子どもに仕返しすべき、と言っているのではない）。対話のセラピーで語られる内容はバーチャルリアリティであるが、対話するという行為そのものは実体験である。実体験の器であるクライエントとセラピストの二人の関係は本当に人と人が出会っていることが重要である。つまり、この人（セラピスト）に自分の口で話をした、という実体験自体が把握感 sense of grip となるような関係が必要である。メールや LINE で愛を告白するよりも、実際に対面して伝える方が把握感 sense of grip が大きいことを考えたら分かるだろう。ＡＩにとって代わられないような関わりをすべきである。

意味／気づき／「この感じ！」という身体感覚

セラピーにおいて得られる把握感 sense of grip のある情報の典型が「意味」である。「気づき」とか「洞察」、「フェルトシフト」などと概念化されているものがいわゆる「意味」と言えるのだが、必ずしも「意味」はそのような大きな「気づき」だけではない。例えば「確かにそうですね」とか「なるほど、そうなのかもしれない、と先生に言われて思いました」、「そういう見方が私の中にあったんですね」など、改めて自分自身について納得するだけでも把握感 sense of grip はある。また、「意味」レベルにまで概念化されてなくても「この感じ、この感じ！」というような身体感覚でも把握感 sense of grip が持てることがある。このように、自分自身について自分なりの確かな納得が得られる場合は、専門家から与えられた診断よりも把握感 sense of grip の高い「意味」となる。メアンズが診断は他者から与えられるのでなくクライエント自ら診断することが重要だと書いているのはそのためである（Mearns, 2004）。

自分で主体的に得たもの、体験したもの

対話系の心理療法の中でもＰＣＴは、セラピストから専門的な情報や明確な技法を提供しないし、話の内容を方向付けたりすることも極めて少ない。その点ではＰＣＴは他学派に比べてクライエントにとって

は把握感 sense of grip を持ちにくい。特に初めのうちは「気づき」は起こりにくいので、「ただ話しているだけで、これで効果はあるのか？」と、把握感 sense of grip どころか不安定になることもあるらしい。セラピストとの関係が「深い関係性 relational depth」（Mearns & Cooper, 2018 / 2021）のような濃厚な体験ならクライエントには「今まで経験した関係とは全然違う！」という把握感 sense of grip があるだろう。しかし、そのような関係性も初めからすぐには起こりにくいので、初めは把握感 sense of grip を持ちにくい。

ＰＣＴにおいて把握感 sense of grip という点から重要な情報は、第四章で述べたセラピー場面やセラピストについての情報である。それによってクライエントは「自分はセラピーをどう利用したらいいのか」ということを考えやすくなり、そこに主体性が起きる。もう一つはセラピストの自己一致である。セラピストの自己一致の度合いが高いと、クライエントは「自分はこの人と話している。この人と一緒に自分の問題を考えている」という、人間関係を実体験していることがはっきりと感じられる。つまり、ＰＣＴが伝統的に重視している出会いが重要ということである。

そして、セラピストやセラピーについての把握感 sense of grip を持てるようになると、次は自分の問題に対しても「何とかできそう」、「何とかなりそう」という把握感 sense of grip を高めようとして、主体的に問題に取り組むようになる。これは問題解決という目標への努力を通して自分の人生を主体的に生きているのである。こうしてクライエントが自分自身を探ることに確かさを感じ始めると、技法や情報を与えないというＰＣＴのスタンスが反転して強みとなる。これはクライエントが問題解決に取り組むだけでなく、自分自身を生きるという心理的成長のプロセスでもある。

3　クライエントは把握感を持ちやすい情報を自ら作り出そうとしている

情報にまとまりをつけて構造化する動き

把握感 sense of grip の持ち方は個々のクライエントによって、またその時々で異なる。また、その大きさも「意味」レベルの大きなものからちょっとした納得のレベルまでさまざまである。例えば、日記や描画に自分が感じていることを表現することによって自分を十分に把握できて、「何とかできそう」と思える人ならセラピーを必要としないだろう。また、自分を把握することの能力が元々高い人もいる。また、把握しにくい時にセラピストに話をするだけでうっすらであっても把握感 sense of grip が得られる人もいるし、セラピストからのセラピスト個人としての率直な意見を聴かなければ、把握感 sense of grip が持てないという人もいる。

上述したように、人に問題を話すこと自体で心の中で一人悩むよりも、問題への把握感 sense of grip が感じられやすくなるが、それに加え、クライエント自らも、セラピストに話をしながら把握感 sense of grip のある情報を見つけようとしたり、作り出そうとする。セラピストに話しながら、自分の中にある情報にまとまりをつけたり、言語化したり、整理するなどして情報を構造化したりするのである。以下に、情報にまとまりをつけて把握感 sense of grip を持とうとするクライエントの小さな動きの例を三つ挙げておこう。これは私が気づいた例に過ぎないので、参考程度にとどめ、個々のクライエントに固有の自己把握

sense of grip のあり様が自然に感受されるようオープンであってほしい。

例えば、あるクライエントは話が飛んでまとまりにくく、本人もそのことを自覚しているが、なかなかまとまらなかった。そのため、自分が何を話そうとしているのかを見失うことさえあった。クライエントは時々、「私は小さい頃から、○○な子でした」、「私、こういうことは考えないようにしているんです」などと、自分を描写しようとすることがあった。自分の話はまとまりにくいと感じているクライエントが、「私はこういう人」、「私はこういうことをする人」という自己像を描くことでまとまりのなさを補い、何とか把握感を作り出そうとしているのが感じられた。その時、セラピストだった私はそこにクライエントの、自分についてまとまりを作ろうとしているけなげな努力を感じ、骨折した人に添え木をしてあげたいような気分が起こった。そして「あなたは～な人、なので～」などと reflection する際に、その部分に微かに強調を置いた。私のその応答で何かが変わったわけではなかったが。これは自己概念をわざわざ作ろうとする動きであり、自己概念を離れて体験へと向かうというロジャーズの自己理論とは逆行しているが、とりあえずの自己概念を作って自分を支えようとしているのである。

把握感 sense of grip を作り出そうとする別の動きがある。日常会話でもよく見られる動きである。例えば、さまざまな出来事が絡んだ複雑な事情を語っているとしよう。その際、「その件はとりあえずそれで終わって一区切りついたんですけど……」と言って、「その件」をボール程度の大きさの塊を両手で包むように摑んで、机のある場所とかカレンダーの上に置く（ような仕草をする）。「でも、それとは別の事情があって……」と言って、もう一つ別の塊を両手で作って置く（ような仕草をする）のである。これはクリアリング・スペースと同じことを、目の前の実際のスペースで自分の動作を使って「その件」、「この件」のまとまりを作り、複雑な事情への把握感 sense of grip を持とうとしているのである。カレンダーを使ったり、絵を描いて行うこともある。私はそれを見て、クリアリング・スペースという技法も頭の中で行うより、動作や実際のスペースを使って行うほうが把握感 sense of grip が持ちやすい、と気が付いた。今、私はクライエントが話しながら何かまとまりをつけようとするのが感じられたら、机上にある文具や手の動作などを使ってその動きを手伝うようになった。時には PCAGIP 法をクライエントと二人ですることもある。私が一人で質問して、クライエントの回答を私がカルテやホワイトボードに書いて二人で見ながら話すのである。

把握感 sense of grip を作ろうとするもう一つの動きとして、クライエントが「どうしてだろう?」、「どうすればいいのかなあ?」などと理由や対処法を自問する場合がある。自問することで状況や自分を把握 sense of grip しようとしているのである。言い換えると、自分の中にセラピストを内在させて、自分自身に問うているのである。「この感じは何なんだろう」のようなフェルトセンスに関する問いを自分に発するなら、フォーカシングのリスナーを内在させていると言えるだろう。イチローのようなスポーツ選手や職人や芸術家は言うまでもなく、心理的に成長する人にも自問が起こる。自問と自答の自己内対話を繰り返すことは、自分を成長させ、支えるためのセルフ・カウンセリング・システムとも言えるだろう。

ただし留意が必要なのは、自問という言葉遣いの形式は「何でやってしまったんだろう!(自分が嫌になる!)」のように自己内対話を導かずに自責の念を作って終わることがある、という点である。私の印象であるが、自問という形式は「価値の条件」づけによるものらしい。自問に馴染んでいない人は、自分の中に問いが浮かんでも、自分を責めたり、相手に尋ねたりする。例えば「自分はこのゲームのどこが面白いんだろうな?」という問いが自分の中に浮かんでいても、「先生はどこが面白い?」と尋ねたりするのである。自分を責めたり他者の基準で考えた時のみ受容されたために、自問が意識に上りにくくなっているのだろう。発達的には自問は外界に関する問いよりも後に起こることにも留意し、セラピストはクライエントに自発する問いの体験様式に合わせ、その出現を温めるように受容する必要がある。問いの出現は事態を動かす萌芽なので、クライエント中心、パーソン・センタード、という態度が非常に重要である。

クライエントはただ報告しているだけみたいだが……

自問が起こりにくいクライエントについて別の側面から考えてみよう。例えば「この二週間、いろいろなことがいっぺんに起こって大変でした」などと言って自分に起きた出来事を詳細に報告するだけでセッション時間を使い切ってしまったりする。内省に大きな価値を置くセラピストであればそういうことが続くと「いつも似たような話ばかりで進展がない」、「防衛が固い」などという感想を抱くかもしれない。しかし、クライエントの話を共感的に聴いていると、クライエントは出来事を報告することで出来事や自分がとった対応についての輪郭を明確にして、この二週間の出来事への把握感 sense of grip を高めようとしていると感じ取れることが少なくない。例えるならば、海外旅行を振り返るようなものである。旅行で経験したことは山盛りである。それを振り返ろうとして「あれっ？　あの後何をしたかな？」とか「買い物に行くはずだったのに何で行かなかったのかな？　何を考えて予定を変えたのかな？」のような疑問がたくさん出てくるとしよう。その場合、旅行の経験を語ったり、持ち帰った物を見たりすることで、次第に記憶の穴が埋まってくる。そして、旅行全体に対する把握感 sense of grip を持てるようになり、旅行の経験が自分の中で収まる、という感覚を持てる。出来事が自分の中で収まって把握感 sense of grip を持てるようになるためには、何度も話したり、別の整理の仕方を試みたりするので、当然、時間もかかる。セラピストがクライエントの求めるレベルの把握感 sense of grip にまで共感できないと、なぜクライエントが長々と事態の報告をするのか理解できない。第四章での外側の状況ばかりを話すクライエントに寄り添う観点も併せて読んでほしい。そういうレベルの共感で聞いていると、当初は自問がないように見えた報告だけのクライエントの話の中に、例えば「自分の対応はこれでよかったのか」に関する、自問という形式に結実する可能性のある種子も含まれていることが感じられることがある。

クライエントが「分からない」と言う時

クライエントが「分からない」と言う場面は少なくない。しかし、「分からない」という言葉が表し得る体験はたくさんある。「ごちゃごちゃして分からない」とか「ぼんやりとしか分からない」、「さっぱり分からない」等々、さまざまである。さらには「ごちゃごちゃして分からない」であっても、それも細かい体験のレベルではそのあり様は無限にあると言えるだろう。したがってセラピスがクライエントの「分からない」に共感的に迫ろうとすると、「分からない」という体験の細かな内実が伝わってくる。一方のクライエントとしてはそのように共感的に寄り添われるうちに自分の「分からない」という体験がどういうものか分かってくるので、「今もまだ分からないんですけど、分からなくて当然、ということが分かってきました」などと、分からない自分への自己受容が高まることがある。また、セラピストとの対話を通じて「自分は分かっていなかった」と分かってくることもあるし、さらにそこから「分かっていなかった」ことを巡って話が展開することもある。セラピストから「ぼんやりとしか分からない、という感じですか」、「ということは微かに分かると感じられることもある？　ということですか」などと問われ、答えようとすることで、「微かに分かる」から「もう少しはっきりと分かる」に変化することもある。セラピスト側の体験としては、クライエントが「分からない」と答えるような質問をしたことで、「自分（セラピスト）はクライエントのことを分かってなかったんだ」と分かることも多い。このようにして、クライエントとセラピストの双方において「分からない」体験に関する把握感 sense of grip が増していく。これは双方の協働で「分からない」が少しずつ解けて「分かる」が拓いて共感的理解が進む美しい過程である。

情報の把握という観点から言うと、クライエントが「分からない」と言う場合などは、情報ゼロのように思えるが、実際はゼロでなく「分からない」という事態をテーマにしているということに留意しておく必要がある。

整理、明確化もしないのに「何かまとまる」感覚

クライエントが問題を語ることで把握感 sense of grip を持とうとする動きとして次のような場合もある。非常に微細な感覚である。少し説明が難しいので、まず次のような場合を思い出していただきたい。発言した後に、今発言した言葉を繰り返したり、「うんうん」と自分だけで頷いたりする人を見たことがあるだろう。あれは自分の発言や自分が感じていることを「そうなんだ、自分はそう感じているんだ」と確かめているのである。クライエントの中にも、例えば「大変でした」と言い、「本当にあれは大変でした」などとその同じ言葉を繰り返して自分で頷いたりする人がいる。自分で言った「大変でした」という言葉が自分の中で腑に落ちるように、その言葉と体験とを擦り合わせてピッタリ感や把握感 sense of grip を得ようとしているのである。私はピッタリ感を得ようとするそのクライエントの感覚をジャズやクラシックでメインプレイヤーの伴奏をする気分で、私もトーンを落としてうっすらと頷いて聞いたりする。

ところが、そういう目に見える頷きはなくても、クライエントが自分で発言したことが自分にとって確かである感じを持とうとすることがある。微細な感覚なのでさらに説明が難しいが、例えば、それまで認

めようとしなかった現実を認める発言をする場合である。ドラマで見ただけだが、事件の容疑者が「私がやりました」と自分の関与を認める場合がそうである。その言い方にもよるのだが、静かにそう発言して「事件への関与を認めるしかない」と自分に言い聞かせるように言う際、その人の中ではその現実を認めると同時に、その現実を自身で引き受けようとする覚悟・責任などが統合されて、その発言になる。

容疑者の例を出したので重大な局面をイメージするかもしれないが、そんなに重大な局面でなくても、クライエントの中には自分の言葉を自分の中で響かせて味わったり確かめたりする人は多い。その体験の仕方や程度や頻度は人によって異なる。クライエントの発言をテキスト情報としてだけ捉える癖をつけているセラピストには捉えられない感覚である。言葉は必ずしもセルフコントロールが効いたうえで出てくるものではないので、発出された言葉と発出に伴う把握感 sense of grip が合致していないことは少なくない。乳幼児が物を摑めるようになったら、摑む気が無くても勝手に物を摑む時期がある。そのうちに乳幼児が摑みたいものを摑むようになるのは、自分の意思と感覚、能力に対する把握感 sense of grip が生まれるからである。ここに述べたのはそれと同類の、言葉の発出に関する把握感 sense of grip が生まれつつある段階における、出た言葉と自分の感覚の違和感を処理しようとしている動きである。そこには、その言葉を言った自分を引き受けようとする、ある種の責任感とでも言うような感覚が生まれている。そうやって自分を引き受け、自分を摑もうとしている。フォーカシングの「共鳴 resonating」というステップに含まれている言葉と感覚の違和感の処理は、この微細なレベルであれば、セラピストが導かなくてもクライエントの中にかなり自発している。ただし、私の経験ではこのレベルのクライエントの動きの感受となると、セラピストがやろうとしても簡単にできるものではない。ほかにもセラピストは内的にすることがたくさんあるからである。したがって、このレベルの感受はこちらにゆとりがないと起こらない。感受された場合には、それはテキスト情報として意味を理解するよりも、音楽の最後のピアニッシモの音に込められた演奏家の気持ちに、息を呑んで聞き入るような感覚でチューニングするくらいしかできない。

4　クライエントにより異なる把握感 sense of grip の体験

どのレベルの把握感 sense of grip を求めるかはクライエントによる

セラピーが「とりあえず」の情報を得ることで終われるのか、それとも、さらにより良い把握感 sense of grip の展開までを含む必要があるのかは、クライエントにしか分からない。セラピストはセッション回数が継続するセラピーに慣れているが、クライエントの中には一回でいい人もいるし、PCTのセラピストとしては助言しないつもりでも、どうしても助言がほしい、という人もいる。セラピストは自分のセラピー観について十分に把握 sense of grip しておかないと、視野狭窄に陥ってしまい、結果的にクライエント中心、パーソン・センタード、でなくなる。

把握感 sense of grip を妨げるものから離れる

ところで、情報を得るとか把握感 sense of grip を作り出す、とは違う形で把握感 sense of grip を求める場合がある。それについて一言、触れておこう。それは把握感を妨げるものから離れることによって把握感を維持しようとする場合である。例えば、クライエントの中には、ストレスに満ちた仕事や、本物でないような人間関係を続けてきて、「自分は何しているのだろう?」、「自分の人生は何なのだろう?」というような空虚感に覆われてしまう人がいる。自分の人生に対する把握感 sense of grip を持てなくなっているのである。引きこもりや不登校、休職という〝問題〟を抱えてセラピーに来談するような人である。話を聴いていくと、人間関係や社会との付き合いにおける主体感 sense of grip を取り戻すために、「最低限必要な場合以外は止めることにしました」というような話が出てくる場合がある。この場合、付き合いを止めたり逃げたりすることは、空虚感という事態への本人なりの対処行動である。ところが、対処行動であるはずの引きこもりや不登校が、周囲や専門家から問題として扱われることが多い。また、自分自身でも問題だと思ってしまう。そのために、クライエントとしては対処行動もとれなくなり、逃げ場を失う。そのうえ、抗うつ剤などの薬を処方されたりすると、クライエントとしては全く的外れと感じて、二度と受診しなかったり、受診を勧める人との会話も避けるようになったりする。

心理療法でも同じである。そういう事例の場合に、セラピストが自己愛の病理と解釈したり、「引きこもり（あるいは不登校）は治すべきもの」と思い込んでしまうと、カウンセリングの契約や目標に関してセラピストとクライエントとの間で初めからずれが生じてしまい、セラピーが早々と中断になったりすることがある。クライエントにとってセラピーまでも「自分は何をしに来ているのか分からない」という感覚、すなわち把握感 sense of grip を持てない感覚、を感じる場になってしまうからである。つまり、外側から見たら問題行動や○○障害と診断されるようなものであっても、クライエントにしてみると、それによって何とか主体感や把握感 sense of grip を維持しようとしていることは少なくない。

把握感 sense of grip を放棄するという選択

把握感 sense of grip を確保するもう一つの特殊例を挙げておこう。それは自分の人生の先行きに関するあらゆる手立てもわずかな可能性さえも全て失い、どうにもしようがない、という過酷な場合である。その時、人は把握感 sense of grip の放棄を自ら選択することがある。例えばロジャーズによるエレン・ウエスト伝（Rogers, 1961a / 2001）を考えてみよう。彼女は父親に結婚を反対された時、自分の恋心は結婚に値するほどのものではない、親の判断が正しいと思ってしまったことから精神を病み始める。次第に親や精神分析家、医者の対応によって自分を信じることができなくなり、最後は自死を遂げた。しかしもし、彼女が親から結婚を反対された時、「自分の人生へのコントロールは一切放棄する」、「自分の人生は全て父に委譲する」と強く決心していたら、精神を病むことはなかっただろう。ドラマの主人公「おしん」がそうである。おしんは自分の人生に対する自らの支配 sense of grip を全て放棄し、親の言うままに身を売る決心をした。おしんは過酷な幼少期から思春期を生きたが精神を病むことはなかった。本能寺で明智光秀の軍勢に取り囲まれた織田信長が自死を選んだのも自分の人生の支配 sense of grip を明智に明け渡さず、最後まで維持するためだった。つまり、自分の人生に対する支配力 sense of grip が皆無という状況において、把握感 sense of grip を維持する最後の手段は、状況に対する統率 sense of grip を自分の意志で放棄すると決断することである。その決断の中に把握感 sense of grip を発揮するのである。把握感 sense of grip を持てないという状況は同じであっても、状況に流され把握感 sense of grip を失う場合に比べ、自らの決断で把握感 sense of grip を放棄することで、最後の一握りの把握感 sense of grip を手にすることができる。私自身は経験がないし、そのようなクライエントに出会ったこともないので、私の想像であるが、手の打ちようのない被災、アウシュビッツのような収容所や人権をはく奪された環境、治癒の可能性の見えない闘病生活など、主体性が一切発揮できない究極の絶望的な状況では、自らの尊厳を保とうとして、闘いを手放すという決断をすることがあるように思われる。エレン・ウエストが退院してから自死を遂げるまでの数日間もそうだったのかもしれない。人の把握感 sense of grip への希求はそれくらい深いらしい。セラピーセッションでそのレベルの把握感 sense of grip を求める動きが出てくることもある。ただし、それを感じ取ったセラピストの方は恐ろしく揺さぶられる。セラピストも把握感 sense of grip を失いそうになるからである。

より良い把握感 sense of grip を求める

把握感 sense of grip の放棄はもっと一般的な場面でも起きる。「何とかできそう」、「何とかなりそう」という感覚さえ持てない時には、ちょっとした情報であっても把握感 sense of grip を与える有用なものであるが、それはとりあえず状況をしのぐためのものである。いったん、とりあえずの安定が得られ、ゆとりができると、よりよい把握感 sense of grip を求め、それまでの把握感 sense of grip を放棄する。

把握の主体である私（I）が不安定な場合

エレン・ウエストは父親に結婚を反対されて、人を好きになった私（I）が信じられなくなった。把握感 sense of grip は私（I）が問題や自分自身（myself）を俯瞰することから生まれるので、私（I）そのものがぐらつくと把握感は持ちにくい。それでも、「私（I）はぐらついている」と対象化して言語化できれば、今度はぐらついているその私がIから myself となって、語られるテーマとなる。

ところが、自分のこと myself を語ることで私（I）が壊れてしまいそうな時がある。セラピストとの人間関係で不安定になる人や筆談ならできるが声を交わすのは恐ろしいという人、沈黙することでしか身を保てないという人など、である。そういうクライエントは沈黙を続けたり、セラピストを拒否したり、関係を切ろうとしたりするので、セラピーがやりにくく、セラピストも不安定になりがちである。しかし、クライエントはそういう対応をとることで自分の把握感 sense of grip を辛うじて保っているのである。それらは概してクライエントの病理や症状のように見られがちだが、ＰＣＴのセラピストとしてはクライエントなりに私（Ｉ）を維持しようとする努力として見る必要がある。クライエントへの肯定的な眼差し（第三章）で見ようとするのである。クライエントの中の壊れそうな小さな私（Ｉ）を壊さないために、セラピストはクライエントの言葉を変えることなく一言一言繰り返したり、沈黙をそのまま受け入れ続けたり（Warner, 2000）、何があっても絶対に壊れないというセラピストのプレゼンスを示したりすることになる。あるいは、クライエントとセラピストの境界が融合するような関係の体験（Mearns & Cooper, 2018 / 2021）になることもある。そのような関係の体験を通してクライエントが微かでも小さな私（Ｉ）があることを摑める、すなわち sense of grip を持てるようになると、外界の状況であるセラピストを試すような働きかけをするようになる。セラピストが作り物の自分を提示していると、クライエントは試し行動ができないので、いつまでたっても自分（Ｉ）に対する把握感 sense of grip を築けないままである。

　こういうケースではセラピストはフルに自分自身であることを求められる。言い換えると、こういうクライエントはセラピストに本当の自分を研ぎ澄ます機会を与えているのである。

コラム
reflection 部分を翻訳すると……

翻訳書を読むと何かしら違和感があるのはある意味で当然なので、それほど気にならない。PCTの本も同じである。しかし、PCTの本の中でもクライエントとセラピストのやり取りの逐語におけるセラピストの reflection 部分への違和感は気になることが多い。一つは翻訳の問題である。

よくある reflection の訳は「～ですね」というものであるが、英語の原文ではクライエントが肯定文で言ったことに対して、セラピストがほぼそのまま肯定文で言い直していることがある。それを「～ですね」と訳しているものが多いのだが、果たしてそう訳していいのかどうか？　また、日本語では主語を省くことが多いので訳でも主語が省かれることもあるが、果たして省いていいのかどうか？　自他の違いを明確にしない日本人の気質のために主語を抜くことになったのかもしれないが、英語の原文では「あなたは you」、「私は I」という主語は当然のことながら省かれていない。これは単なる文法の違いなのか？　もしかしたら、日本語では省かれて薄まっている自他の区別の感覚が英語を話す人には生起しているのかもしれない。そうなると、英語圏の対人関係における自他の区分は、日本人の感覚では分からないのかもしれない。もし、そうなら「深い関係性 relational depth」の感覚も本当に私は分かっているだろうか？　昨年『「深い関係性」がなぜ人を癒すのか』（Mearns & Cooper, 2018 / 2021）を訳しながら気になったことの一つである。

reflection の訳に関してもう一つ違和感がある点は、ロジャーズにしろメアンズにしろ、クライエントが泣き出した時に「涙が出てくる」、「気持ちがあふれ出てくるんですね」とセラピストが言う部分である。クライエントが「涙が出てくるんです」というのなら、セラピストが「涙が出てくるのですね」と言うのは分かるが、クライエントはそんなことを言っていない場面でセラピストがそう言うのである。私にいい応答があるわけではない。いつも難しさを感じる。日本のセラピストがそういう訳を読んで、「泣けてしまうんですね」とか「涙が出てくるんですね」というのが正しい応答だと思わないでほしい。むしろ大事なのは、クライエントの中に入り込んで共感しようとすることである。でないと、クライエントが泣いたら「あなたは泣いているんですね」と reflection するのが正しいということになる。そうなると、reflection とは実況中継のようなもの、ということになってしまう。

第六章　内的あり様を整える中核条件

1　無条件の受容に向けて収斂する中核条件

本章からは中核条件についての章である。次章以後で三つの条件ごとに論ずるが、その前に本章では、中核条件の三つの関係と、中核条件によってセラピスト、クライエントの内的体験はどうなって、どう変わるのか、について押さえておく。

ＰＣＴにおけるセラピストの仕事は何か？

中核条件を考える前にセラピストの基本的な仕事をまず確認しておこう。そもそもＰＣＴとはクライエントが相談したいと持ち込んだ問題の解決に向けて、クライエントと共に考えることである。とはいっても、セラピストはクライエントの生活の場にいるわけではないので、何とかクライエントが解決できるようにと話し合うのである。この当たり前のことをわざわざ書くのは、セラピストの仕事を「クライエントの言葉に頷いたり繰り返したり、話を聴いて待つこと」と勘違いしている人がけっこういるからである。つまり、クライエントが持ち込んだ問題を本気で解決しようとする気はないままに、頷いたり繰り返したりすればいい、それが仕事だと考えているような、そういう応答になっているセラピストが少なからずいる。問題の解決に気持ちが向かずにただ頷いて言葉を繰り返すだけのセラピストは薄っぺらい。心がこもらずに頷いたり言葉を繰り返すだけならＡＩである。

そして、解決を考える際、できるだけクライエント自身が問題解決の主要部分を担う主人公として問題に向き合い、取り組んでいけるように、心理的な側面から支えるセラピーがＰＣＴである。クライエントが取り組んでいくうえで、その過程に寄り添うセラピストの内的な心のあり様 being が大きな影響を及ぼす。その心のあり様を示したのが中核条件である。

中核条件：セラピストの内面での二つの面

第一章で述べたように中核条件とはセラピストが共感的理解や無条件の受容を経験している内面のあり様 being のことであるが、私はそれに加えて、その内面のあり様になるための内面での努力も含めるべきだと考えている。というのも例えば、共感的理解とは、共感的に理解できたと思えても次の瞬間にはその理解を微修正したり、大きく変更する必要が出てきたりして、そこで新たな理解を求めて努力する、ということが切れ目なく続くプロセスだからである。つまり、本書では中核条件を①内面的努力 doing と、②努力の結果起こっている心のあり様 being として捉える。本書で「共感的に理解する」、「共感的にモニターする」のように「〜する」という表現を用いる理由は、日本語として自然に聞こえるようにするためでもあるが、それに加えてそのプロセスには①の内面的努力も含まれているためである。

セッション中、セラピストはクライエントの話を聞きながら中核条件に示された内的あり様が生起するように努力する。中核条件の三つのうち共感的理解と自己一致はセッション中に意識的な内的努力が可能である。しかし、無条件の受容は自発するものでしかなく、セッション中に「よし、今からクライエントを受容しよう」と思ってできるようなものではない。また、共感的理解や自己一致にしてもセッション中の努力だけでは足らない。したがって、中核条件として示された内的あり様がセッション中に自発的に生起したり、クライエントが変化するのに必要な深さの体験になるためには、セッション中での努力に加えて普段から自分の内面を整える訓練が必要である。そのうえ、①②に応じた反応が自己一致した形で表出されるように、必要十分条件の第六条件［伝達］を意識しておく必要がある。

中核三条件は本来は一つ

ところで、中核条件について書かれた著作の多くは「無条件の受容」、「共感的理解」、「自己一致」と条件ごとに分けて章立てされたり、発刊されたりしている。しかし、中核条件の三つは本来、別々のものではなく、体験としては一つであるとメアンズは言う（Mearns & Cooper, 2018 / 2021）。私はさらに、そこに第六条件［伝達］を加えて一つである場合も多いと考えている。本書でも第七章以後、個々の中核条件ごとに章を分けて書いているが、実は本書を仕上げるまでに、三つが混ざり合ってしまい、書いているうちに最後はその章が何についての章なのか分からなくことが何度もあった。分けて論じられない混沌とした絡まり合いこそが中核条件の現実である。第七章からは一応、三つの条件別に分けて書いているが、読んでいただくとそれぞれがほかの条件と絡み合っていることがお分かりになると思う。

一つに収斂する三条件

これら三つ全ての条件が無条件の受容という方向に向かって一つに収斂しているのがＰＣＴのセラピストの態度である。共感的理解はそれだけをとれば能力であって悪用も可能である。例えば、オレオレ詐欺をする人などには共感能力が高い人がいるだろう。自己一致にしても自身の心身への気づきは優れていても、相手への共感的理解を欠いたまま自身のことを相手に表出していたら、単なる自分勝手とあまり変わらない。共感的理解と自己一致という感受性の側面を持つ二条件を、自分の問題に主体的に取り組もうとするクライエントをできるだけそのまま支えようと方向付けるのが無条件の受容である。神田橋先生は困難にある人を何とか救いたい、支えたい、という「利他」の思いを対人援助職に携わる者にとって必須の思いと述べておられる。利他の姿勢はさまざまな形で現れ得るが、ＰＣＴとしての利他の姿勢の基盤にあるのは無条件の受容である。言い換えると、クライエントのそのままを受け入れたいという思いがクライエントに伝わっていることが、クライエントを支えるのである。その意味で、中核条件の三つのうちで無条件の受容が最も重要である。詳しくは第八章で論じるが、ここでは利他の姿勢と無条件の受容の関係を考えておこう。

他学派を含めて事例検討の議論を聴いていると、自分の技能を高めることだけに熱心なセラピストは「どう応答すべきか」、「何をすればいいのか」という技能 doing にばかり熱心で、利他の思いはないままクライエントに対して自分の技能を試す被験者のように対応している。利他の姿勢があるセラピストはその点、クライエントを何とかしてあげたいという気持ちから、クライエントの問題を解決しようとする。しかし、無条件に受容する気持ちが起こっていないと自分流儀の支援スタイル、例えば自分が提示する技法や助言にクライエントを合わせさせることになりがちである。利他の姿勢があるので熱心ではあるが、クライエントが自分のスタイルに合わそうとしないと、クライエントを嫌になったりすることがある。これは利他の姿勢が利他の欲求になっているためである。利他の姿勢や欲求については第八章で詳しく述べる。利他の姿勢がベースにあって無条件に受容する気持ちが起こっている場合は、クライエントがクライエントなりの方法で問題に取り組もうとしたり、その方法を見つけようとする生き様に「こんな風に考えるのか」と感心したり、「懸命さが伝わってくるな」という眼差しになったりしながら、クライエントの問題解決を一緒に考える。自分流儀の利他ではなく、クライエントの考え方や生き様にオープンになろうとして影響を受けながら、それに合わせようという気持ちが自発しているのである。本書を手にする人ならすでに受容的であろうと思われるが、生来の受容性の高さを持っている人がそれを発揮できていない場合もあることを、学生やスーパーバイジーなどを見ていると感じることがある。今後はその受容の精度を高めたり、本来の高さに戻したりするなど内面を整える訓練が必要である。

内面を整える

中核条件は内面の心のあり様 being であって、行動として何かをすること doing ではない、ということを訓練に関連して少し述べておく。PCTを学ぼうとする人は「何をするのか」を学ぼうとして概して応答の仕方を学ぼうとする。しかし、中核条件は応答ではない。傾聴練習などを行う際もその点を十分意識していないと、内面で受容・共感が生じていない単なる口先だけの応答の型の学びに偏ってしまう。もちろん、応答の訓練を行う必要はあるが、残念なことに応答の型を中核条件と勘違いしている真面目な指導者も多く、誤解が感染症のように蔓延している。内面が備わっていない応答は本質的には〝営業スマイル〟と変わりないことに留意すべきである。クライエントが心の痛み・苦しみを話している時、それにどう言葉を返すかよりも、その前にまず、クライエントの立場に立ってその痛み・苦しみを感じ取り、何とかしてあげたい、という利他の思いが自発するようでなければならない。その思いが無条件の受容として現れるように、そしてほかの二つの中核条件もそれに沿うように自発するのが望ましい。内面を整えるのは行動と違って、そのセラピスト個人の感じ方や人間性が大きく絡む。

「利他の思いが自発する」と書いたが、これだけをとっても、その言葉を知ったらできる、というものでは到底ない。例えば、自分流儀の利他の思いが通用しないとイライラしたりすることは私も経験があるので理解できる。しかし、それではＰＣＴにならない。これなどは「訓練」で何とかなるものではない。本書も読んだだけでうまくなるような器用な本ではない。私自身、こういうことを書きながらも、まだ内面を十分に整えられてはいないことは日々、痛感している。おそらく、現役の終わりまでに内面を完全に整えるには至らないだろう。

自分の内面を整える必要を初めて感じたのはもう三〇年くらい前の精神科の病院臨床の時であった。患者Ａさんのセラピーが終わり、カルテを事務室に返しに行くと、次の患者Ｂさんが近くに待っていて、早速そのセラピーが始まるという経験の中だった。Ａさんとのセラピーで感じたことの興奮や未消化な部分を心のなかに色濃く残したままＢさんに会うのは、異なる二つの課題を同時にやるような感じがあって、すぐにはＢさんのセラピーに入り込めなかった。ある時、カルテを戻しに行く廊下を歩きながら、わずか二〇秒ほどであってもフォーカシングのクリアリング・スペースをすると、当然十分なものではないものの、それでもＢさんに臨む際に、背負った荷物が随分軽くなって頭が働きやすくなるのを感じた。セッション外の工夫によって臨床現場での頭の切り替えができると気づけたのは救いだった。以後、セッション外を利用して自分の頭の状態を整える工夫や訓練を行うようになった。この例は「整える」と言っても、脳のコンディションを整えることである。人間性的な側面についてはどう整えてよいか分からない。第七章以後はそれも意識しながら書いているが、各読者がそれぞれ自分なりの整え方を考えてほしい。

2　同時並行的に生起する「感じ／考え」と気づき性向

いくつもの「感じ／考え」が同時並行的に動いている

次に、私が中核条件を実践する際に参照枠としている、人の内的体験についての私の考えを紹介しておく。まず、ロジャーズの次の文章を読んでほしい。「クライエントの中に今流れている感情が、混乱であれ、憤慨であれ、恐怖であれ、怒りであれ、勇気であれ、愛であれ、プライドであれ、クライエントがその感じになり切れることにセラピストが寄り添おうとする気持ちが、受容には含まれている」（Rogers, 1986／2001）。この文章からは、クライエントが各瞬間において感じているのはある一つの感情であるとロジャーズが想定しているように聞こえるがいかがであろうか。少なくとも私自身は長いこと、そのように考えていた。中核条件論への批判は一つにはそこから出ているように思われる。例えば「クライエントに対してネガティブな感情が起こっていると受容にならない」などの批判は、心のスペースを占めるのは一つの感情である、という前提から出ている。

しかし、人が各瞬間に感じているのは一つだけの感情や考えではない。例えば、「止めたい」と思いながら強迫行動にはまってしまったり、身体は悲鳴を上げていて欠勤したい気分があるのに出勤しようと考えたりするのは、同時並行的に別の「感じ／考え」が動いていることの現れである。

もう少し細かなレベルで考えてみよう。例えば私は今、この文章を考えながらも、明日は仕事でしんどくなりそうだという「予想と緊迫感」や、明日の段取りを今日のうちに確認しておかなければならない「仕事」やそろそろ寝ないといけない「義務感」、眠いなあという「身体感覚」とか、夕飯がまだ少しお腹に残っていて、椅子に座るとやや窮屈に感じている「別の身体感覚」のほか、ヘッドホンで聞いているBGMのピアノの音がやや硬い、と感じている「聴覚と身体感覚」、ほかにも何かは分からないが、意識の遠くの方で何か不安のようなものを感じている「フェルトセンス」などを同時並行的に感じてる。これ以外にも自分が何かを感じていることは分かるが言葉にできるほど意識に上がっていない。このように、人は同時にたくさんのことを感じ、考えている。そして、その意識化の程度も、同時に起こっている「感じ／考え」の併存の割合も常に変化している。

いくつもの「感じ／考え」は常に変動するプロセス

これらのうち、例えばBGMのピアノの音の硬さは意識の前面には出ていなかったが、今この文章を書こうとして、感じていることに気がついたものである。つまり、感じたり考えたりしていることの一部を意識したり、言葉にしたりすることによって感じ方が変わる。また、ある部分が変わるとその他の部分も変わる。また、ある一部を意識すると、その他の一部が逆に消えたりすることもある。つまり、「感じ／考え」は一定のものが続くのではなく、常に変動しているプロセスである。

これら多くの「感じ／考え」のうち、意識されているものが「気づいている」と言われるものである。逆に、意識化や言語化がなされていなかったり、意識から遠いものは「感じてはいるが、気づいていない」ものである。例えば、「その日の夜は何となく充足した感じはあったが、質問されるまでそのことに気づいていなかった」というような場合がそれに当たる。つまり、気づかないまま感じ続けている「感じ／考え」

があるのだが、それは人とのやり取りなど、何かをきっかけにして気づくことがある。例えば同僚から「そろそろ昼ご飯に行こうよ」と誘われて「ああ、そうだった。さっきからお腹が減っていたのに、忘れていた」と思うのは、空腹を「感じ／考え」てはいたが気づいていなかったのである。空腹に気づいていないから「自己不一致」から、それに気づいて「自己一致」したのである。逆に人と話すことによって「自己一致」から「自己不一致」に変わることもある。空腹のようなごく日常的な身体感覚に「自己一致」という専門用語を用いるのは意外に感じるかもしれないが、こうして考えると臨床場面と無関係な日常生活でも、自己一致／不一致を巡る動きは頻発している。身体─感情レベルの体験世界はミクロな「感じ／考え」が生き物のように常に蠢いている。ロジャーズが人間のことを「有機体」と表現する意味が分かる気がする。

いくつもの「感じ／考え」が同時並行的に生起していることは、人の内部に複数の人格を想定しているという点で多元的自己（configuration of self）論（Mearns & Cooper, 2018 / 2021）と似ているが、私がここで述べているのは人格のようなまとまりをもったものではなく、イメージ的には「よどみに浮かぶうたかたは、かつ消えかつ結びて、久しくとどまりたるためしなし」（『方丈記』）に近い。

「意味」とは同時並行的に生起している「感じ／考え」の一つ

第五章で述べた、クライエントが困難な事態に際して自分の中で最も把握感 sense of grip のある情報、すなわち「意味」を見出す作業とは、自分に同時並行的に生起しているさまざまな情報、すなわち自分の中に蠢いている「感じ／考え」に気づき、整理する作業である。人が困難に際して自分が置かれた外側の状況や自分を語ることは、自分の中にあるさまざまな「感じ／考え」を整理して自分を把握し、そこから自分を支える考え方を見つけようとする対処行動である。技法として教えられたわけではないのに、困難に遭遇したらそれを人に話そうとしたり、話す人がいなければ「ちょっと落ち着いて！　今、どうなっているか、私はどうしたいのか、考えてみよう」と自分自身に言い聞かせる動きが自発したりする。ということは、人は自分の「感じ／考え」に気づこうとする、いわば気づき性向のようなものを持っていると思われる。

気づき性向

クライエントが自分を語って自分自身への把握感 sense of grip を得ようとするのも、気づき傾向の現れであり、セラピスト側の共感的理解や無条件の受容が十分でなくてもクライエントがポジティブに変化するのはクライエントの気づき性向の力によるものである。自己一致を指向する動き、言い換えると本来の自分自身になろうとする動きはクライエントに内在している。

その気づき性向は、気づき性向が動き出すのを受け入れ、支えてくれる（無条件の受容）人がいたり、自分の「感じ／考え」に近い辺りを感じてくれる（共感的理解）人がいたりすると起こりやすくなる。自己不一致だったクライエント（必要十分条件の第二番目）が無条件の受容・共感的理解をセラピストから受けることによって、自己一致に向かう動き（気づき性向）が発動するのはそのためである。上述の空腹に気づかなかった例も、自分が気づいてはいなかったが感じていた空腹を、同僚も感じて言葉にしてくれたから、気づくことができたのである。人に語るということ自体が自分を対象化したり、事態を俯瞰したりすることになる（第五章）ので、気づき性向が発動されやすい。自問という形式の発言であれば、そこに気づき性向が現れていることが自明であるが、たとえ自問でなくてもセラピストに語ることで気づき性向が発動し、自分を探る動きが出てきやすい。話しただけで良くなるというクライエントがいるのはそのためである。また、カウンセラーの傾聴練習やフォーカシングのワークショップで気づきが起きやすいのは、元々の気づき性向の上に、自分を知りたいという気づき欲求があり、それを支え自分の感じ方の近くで感じてくれる仲間や指導者がいるからである。セラピーへのモチベーションが高いクライエントほど効果が出やすいのもそのためである。

しかし、臨床現場のセラピーは多くの場合、そうではない。気づき性向の発動が微かで、セラピストにしてみると、例えばクライエントが何を言いたいのか分からない、と感じることもある。中核条件の深い実践が必要な理由である。

3　中核条件でセラピストのあり様が変わる

普段の自分が変わり、クライエントの影響を受けやすくなる

中核条件の実践によってセラピストに起こる変化はさまざまな言い方ができる。理論的に言えば「自己一致の程度が高まる」とか「十分に機能する人間により近づく」ということになるのだが、実務を考える本書として、ここでは他学派との比較で書いておこう。他学派の多くのセラピストの仕事はクライエントに介入技法を施したり専門的情報を提供したりすることである。ＣＢＴはある技法を提供するし、精神分析は解釈という応答を与える。これらはクライエントを変えようとすることである。ＰＣＴはクライエントを変えようとするのではなく、セラピスト側のあり方が変わるのである。クライエントに対して無条件

の受容が起きているということは、クライエントという異質の体験世界を感じ取り、そこから影響を受けることを許容しているのである。つまり、セラピストの変容である。クライエントの体験世界を濃やかに感じ取ることで、「こういう感じ方の人がいるのか」、「こういう物の見方があるんだな」のような、今まで自分の中になかった異質の、新しい感じ方や考え方が生まれる。その変化は時には「このクライエントに大事なことを教わった」とか「出会えたのは幸運だった」というような、個人としての生き方に影響を与えるくらい大きなこともある。

そういうスタンスでクライエントに会い続けていると、クライエントの体験世界はとてつもなく巨大な世界であり、一〇〇%の理解は到底不可能であり、ごく一部しか分かってないことを受け容れざるを得ない。人格理論や診断などで分類できるものではない。そして、たとえ共感的にだいぶ理解できたと思っても、一〇〇%分かることは不可能であることが自明である。それに気づいてから私は「人はそれぞれ固有の世界に生きている」とか「人は皆、孤独だ」というような考え方がしっくりくるようになった。

相互性

私はクライエントから、自分個人としての考え方や生き方について影響を受けていることをクライエントに伝える（第六条件〔伝達〕）ことがある。必ず伝えるというわけではないし、ほとんどは私にとってプラスと思えるような影響の場合に限られているが。それを、クライエントとしてではなく、その人個人から個人としての私が影響を受けたということが伝わるように、自己一致の表明として伝えるのである。問題への統制感・把握感 sense of grip を持てずにセラピーに来談しているクライエントにとって、自分によってセラピストが変化していると知ることは、自分は周囲に影響を与えられるという自己効力感を感じさせ、そのことが、自分が主体的に人生を操作しながら生きる感覚につながるからである。これは相互にエンパワーする関係である。しかし、クライエントからの影響を伝えないこともある。というのは、感じることは何でも口に出しているセラピストやファシリテーターがいて、それを「自己一致」と言っているらしく、私自身も一時そうなりかけていたのだが、それは共感的理解が不十分である。何でも口にしたくなる、というのはセラピストの欲求である。そのことに気づいて（自己一致）、クライエントの様子をモニター的に共感し続けたら（共感的理解）、口に出すことが無条件の受容につながらない場合には、自然に抑制がかかるはずである。

しかし、クライエントやセラピストの感受性が濃やかになっていくと、ちょっとした考え方や感じ方も二人の間で共有され、上述したような「受けた影響を伝える」などをしなくても相互に影響し合うようになる。それによって自他の境界が消える体験になることもある。そういう体験を通してしか癒されないクライエントがいることは、Mearns & Cooper（2018 / 2021）の第三章の事例が示している通りである。私自身は自他の境界が消えるような事例はセラピーでは経験したことはないのだが、強烈な体験であるだろうということは想像できる。いつかそういう機会が来る可能性があることを考えると、あの第三章は読んで味わっておくことをお勧めする。

中核条件を通して本来の自分らしくなる

その一方でセラピストは自分らしくなる。とは書いたものの、これは非常に深いテーマであり、また、私自身が本来の自分に十分になり切れているとはまだ到底思えないので、書くのを躊躇する気持ちもある。これについてはロジャーズの「十分に機能する人間」（Rogers, 1961b / 2001）などを読んでいただく方が良い。私は自分の小さな経験の範囲で、わずかだが自分らしくなることを自分でも経験しているし、スーパーバイジーや学生を見ていても感じるので、そのレベルのことを三つの側面として書いておく。

中核条件を実践していくと自己一致の度合いが高まるので、本来の自分に次第に近づいていく感じがある。「クライエントの影響を受けやすくなる」ということと矛盾するようだが、そうではない。自己一致の経験を通して、本来の自分がより確かなものになってくると、新たな「感じ／考え」を受け入れても安定していられるので、クライエントに影響を受ける自分をオープンに受容できるのである。本来の自分を確かに把握 sense of grip できていないと不安定なので、新たな「感じ／考え」が入らないように閉じた自分になってしまう。例えば引きこもりの人などもおそらく同じであろう。

「本来の自分らしくなる」ことの一つの側面は自分の感じていることが周囲の期待や社会的基準によって変形を受けにくくなるとか自分基準になる、ということである。自分が感じていることを信じられるようになる、とも言えるだろう。例えば、クライエントの話を聴きながら「ＰＣＴとしては自分の意見を言わないのが普通だろうな、しかし、私個人としては言っておきたい気持ちがある」と感じているのを信じるのである。この感じには少なくとも「ＰＣＴとしては言わないのが普通だろう」という考えと「言っておきたい」気持ちとの二つが含まれている。そのほかにも例えば「クライエントの気分を考えたら言っておくほうがいいような気がするけど、よく分からない」という迷いなども生じているのである。自分のその意見を言うかどうかとは別に、自分の中にそのようないくつかの「感じ／考え」が同時並行的に動いていることとか、言うかどうかを迷っていることを言葉にして言うこともあるし、言わないこともある。クライエントへの共感的モニタリングによって言わない、と決めることもある。いずれも私自身が感じ考えたことで決めているので、私は自分自身に嘘をついていない。

「本来の自分らしくなる」の別の側面としては、自分に自信がないとゆとりをもって思えるようになったことである。以前は自分に自信がないことを隠そうとしていたが、今は隠す気はあまり起きない。「自信がない自分」を自信をもって信じられるようになっているので、クライエントに対して「自分はそこが分からないのです」と、ことさら「自己一致」などと思わずに言うようになっている。「自信がない」感覚も時々でその程度が変わるが、その時点での「自信のなさ」を信じている。それによって以前に比べてクライエントの前で楽に居られるようになった。しかし「隠す気はあまり起きない」と書いたのは、少しは起きるからである。

「本来の自分らしくなる」のもう一つの側面はセッション内外の自分の境目がなくなることである。セラピストという職業上の期待を感じるとどうしても「セラピストっぽく」振る舞いがちだが、それは無用の緊張を作り出し、頭が硬直化しがちである。神田橋先生が「面接室の内と外の自分が同じになるように努めている」と言っておられるのを聞いた覚えがある。街で患者に会った時、患者は面接室にいる時と変わらないのに、治療者である自分は面接している時と違っていて不自然だったから、ということだった。クライエントからしても、面接室では真摯に耳を傾けてくれるセラピストなのに、面接室以外で見かけたセラピストがそれとは様子が違っていたら、面接室での受容・共感は営業用の仮面か、と思うかもしれない。神田橋先生のお話を聴いてから、普段の生活とセッション中とが連続することを心掛けて自分を整える必要があると考えるようになった。というのも、セッション中は職業者としてクライエントの成長力を信じて受容するが、セッション外では仕事を離れたのだから成長力は信じない、ということはあり得ない。「ある時にはＣＢＴをやり、またある時はＰＣＴをやる」というような折衷派（的）な考え方は少なくともＰＣＴの立場からするとおかしい。成長力への信頼はセッション内外も通して続くはずだからである。セッション内外で連続するとは、セラピストの自分と個人の自分が連続しているということである。このことは特に人間関係に不安を感じやすいクライエントにとってはセラピーの根幹に関わる。

4　PCTでクライエントはどうなるのか

自分の中の「感じ／考え」を怖れることなく感じ、把握感 sense of grip が高まる

PCTというと中核条件ばかりが知られていて、セラピーの最終地点についてあまり言われることがない。クライエントがどうなるかは上述のセラピストの場合と同様、理論的には「自己一致の程度が高まる」とか「十分に機能する人間」に近づくということになるが、ここではそれを含めて私の考えを若干付け加えておこう。

クライエントはセラピストに無条件に受け入れられることにより、自分は自分の感じているままでいいんだ、と思えるようになる。そして、自分の中に起こっている「感じ／考え」を脅かされることなく感じられるようになる。「脅かされることなく感じられる」とは、問題を解決しようとして自分の中に起こっているあらゆる「感じ／考え」を「自然（当然）なこと」と感じられることである。これを無条件で肯定的な自己受容（unconditional positive self regard ＝無条件の肯定的自己配慮）というが、自分の中を探ることは恐ろしいことではなくなるので、その分、自分に対する感じ取りが濃やかになり、今まで気づくことのなかった「感じ／考え」にも注意が向くようになる。そうなると、例えば上司に酷く叱責されてびくびくしてい

る自分を責めているクライエントなら、「上司が怖い」、「自分はダメだ」だけでなく、それ以外のいろいろな「感じ／考え」にも気づくようになる。そのため、その「怖い」、「ダメだ」という感情が全体に占める割合が減ったり、薄くなったりする。そしてほかの「感じ／考え」、例えば「父のように怒るべき時は怒れる人になりたいなあと憧れていた時期がありましたね」など、その他の「感じ／考え」が自分の感じ方の一部として統合されてくるなどして、自分への把握感 sense of grip が高まり始める。

これは自分を信じられるようになるということでもある。「自分を信じられるようになる」は、社会的な評価軸よりも自分の評価軸を大事にするようになる、と言い換えることもできるだろう。例えば、「みんなこのくらいのことはできるので、『あんたにもできる』と言われるけど、自分はできない」と自分の感じているることを信じるのである。その結果、周囲からは落胆されたり、評価が下がることもある。例えば「次期係長と言われていましたが、もうその可能性はなくなりました」と言うようなクライエントがいる。自分の感じていることを信じられるということは、その結果として将来起こることを、それが社会的にはマイナスであっても、それも自分のこととして受け入れているのである。このことは言い方を変えると、将来ではなく、その時に感じていることによって動く、ということである。「社会的にはマイナスであっても、それを自分のこととして受容している」と書いたのは、等身大の自分でいられる、ということでもある。

そうなると、クライエントは楽に生きるようになる。必ずしも仕事が楽になる、ということではない。それどころか仕事が増えることもある。しかし、自分が自分の判断で選んだので、「逆に仕事が増えてしまいました。でも、このほうが自分としては一生懸命打ち込めます」など、自分に合った生き方を選んでいるので楽なのである。

「問題の解決」という言葉からは「問題が収まる」、「問題がなくなる」というようなイメージを連想しがちだが、そうではなく、クライエントは問題があっても、自分で「何とかできそう」あるいは「何とかなりそう」という感覚 sense of grip を持っているので、必ずしも解決しなくても抱えられるようになる。結局、問題の解決よりも、クライエントが人格的に成長しているのである。

5　技法を用いる場合

しかし、「クライエントは問題を抱えられるようになる」とか「人格的に成長する」という考えだけでは臨床現場ではやっていけない、という場合がある。〝ピュアな〟PCTだけでやっていけるほど甘くないというのが現実である。例えば「技法でもなんでもいいから使って治してほしい」と言って来談するクライエントもいるし、職場から「CBTをやってくれ」、「心理教育プログラムで問題行動を減らしてくれ」などと言われることもあるだろう。その場合は技法を用いざるを得ない。私が技法を用いる場合の基本的スタンスは、セラピーの効果に対する技法の果たす要因はわずかであり、技法を用いる際のセラピスト側の態度こそ重要であるという指摘（Lambert, 1992）をバックボーンにして、あくまでもセラピーの場を利用して問題に取り組もうとするクライエントの主体性を大事にすることである。この考えに至るうえでBohart & Tallman（1999）が私には非常に示唆的であった。訳本を出したいとある出版社に掛け合ったが「古い」ということで断られたので訳本はないが、関心のある方は読んでみることをお勧めする。

以下に、クライエントが技法を求めた場合の私の対応の一例を示すが、参考資料程度のものであることに留意してほしい。クライエントによっても状況によっても、そして関係性によっても対応の仕方が変わって当然である。例えば私は次のように説明する。

「私のカウンセラーのスタイルとしては、先日（インフォームド・コンセントで）お伝えしたように、助言したり何か技法をやるのではなく、基本的には話し合いながら相談に来られた方がご自分なりの対応方法を考えついていくのをサポートする、というものなんですが、何か方法を教えてほしいということなので、その方向で考えてみますね。

自分は専門ではないので、どのくらいお役に立てるか分かりませんし、よりよい対応方法を探るには私だけでなく、○○さんにもご協力していただきたいなと思っているんですけど、よろしいですか。これまでお聞きした話からすると○○さんが対処したいと考えておられる問題は◇◇というものですね。それに対して今、私に浮かんだ対応方法としては二つあるんです。一つは、◇◇という問題が起こる前には、気持ちが△△のようになっているようなので、その△△にうまく対応しておけば、◇◇という問題は起こらない……ということにまでにはならないにしろ、起こるとしても頻度とかその苦しさの程度が低くなるかもしれない、ということです。もう一つは、◎◎という考えです。

どちらをやってみますか？……と言われても分からないですよね。一つ目のやり方は以前研修会で聞いたやり方で、少しうろ覚えなんですけど、資料があるのでコピーして今日お渡しすることができます。二つ目の方は今資料がなくて、次回までに資料を用意してきますが、ネットでも『◎◎』で検索したらいろいろと出てくるので、○○さんご自身でも調べてみるといいかもしれません。そして、次回お見えの際に、私の資料や○○さんが調べたことなどを持ち寄って、今後どうやっていくかを考えてみてはどうかと思いますが、いかがでしょうか」、「あるいは、二つ目のやり方は今は資料はないんですが、口頭である程度はお伝えできるので、私は専門ではないけど、お伝えしてそれを次回までに試してもらってその感想をもとにどうやるかを考えていってもいいかな、と思いますが」、「ただし、こういう技法というのは、ほかの人には合っても自分には合わない、ということも少なくないので、必ずやらなければならない、と思う必要はありません。その時は無理せずに途中で止めてもらっても構わないし、〇〇さんなりにやり方に修正を加えても構いません。次回、来られた時に『こんな風に合わなかった』ということをお伝えいただければ、それをもとにして、〇〇さんに本当に合う方法を一緒に考えていきましょう。私の少ない経験ですけど、皆さん全員がそうだというわけではないんですが、こんな感じでやってみると初めはうまくいかなくても、だんだん自分なりの方法を見つけたり、一〇〇％ではないけど五〇％は楽になった、というような方もおられます。ですので、私がお伝えする方法がうまく合えばそれはそれでいいんですけど、合わなかったりうまくできなくても、それを教えてくださいね。それが大事だと思うので。いかがでしょうか。私がかなり一方的にしゃべったんですけど、やり方が分からないとか負担が大きそうとか、不安だとか、何か思うことがあれば何でも言っていただければと思っていますが」などと言って、クライエントの言語・非言語の表出に共感的モニタリングを続ける。クライエントの表情に「何とかできそう」、「何とかやれそう」というような表情が微かにでも現れるようならいいし、逆に不安が微かにでも出ているようであれば、私の提示の仕方などに何かクライエントを不安にさせるものがあるのだろうと考えて、この進め方を変更することも含めて、話し合いを行う。

例えばある気分障害のクライエントはＣＢＴをやってほしいと私にリクエストしてきたので、一緒にやり方を学び、クライエントは自分でやるようになった。その結果を私に二度、三度と報告するうちに、技法が奏功し始めた。自分で「何とかできそう」という感覚を持てるようになり、ゆとりが出たのであろうか、クライエントはそのうちその技法を用いなくなった。その代わりに、自分にとってこの問題はどういう意味があるのかを考えたり、自分独自のイメージ技法のようなものを考案したりして、不安定になった時はそのイメージ技法を思い浮かべるようになった。最終的にはクライエントは自分の問題に振り回されなくなり、自分で抱えるようになった。問題は残っているのだが、問題に柔軟に対応するようになったので、結局問題はなくなっているのとほとんど変わりなかった。その時点で、クライエントはセラピーを離れた。

以上、私の対応の一例を示したが、要はクライエントがその技法に取り組まなくても、技法がクライエントに合わなくてやめても、こちらとしては受容する気持ちがあることを伝え、その技法に修正を加えても良いとか、その感想を伝えてほしいと伝えることで、「あなた（クライエント）が主体者であると、私（セラピスト）は思っていますよ」と伝えているのである。こうすることでクライエントが当事者として自分の問題を探求するするのを私が共同研究者としてサポートする対話となる。こうしてセラピストが技法を提示するにしても、クライエントが症状に対しても把握感 sense of grip をできるだけ持てるように配慮している。

コラム

自立・自律・孤独と関係性（その1）

私が「人は皆、孤独だ」を考えるようになった始まりは、おそらくマーラー（Mahler, M.）の分離固体化や、ウィニコット（Winnicott, D. W.）の「独りでいられる能力 capacity to be alone」という概念を学んだ時だと思う。これらの概念を当てはめるとよく分かると思えるケースを以前はけっこう担当させてもらったし、事例検討会でもよく耳にした記憶がある。ところで、その頃、私自身は「独りでいられる能力」を持っていると疑いもなく思っていた。しかし、ある時期からその能力に疑念が湧くようになった。「自分は独りでいられるのではなく、独りになることから逃避しているだけではないか」という疑念である。というのは、クライエントは（全ての人がそうではないが）孤独の苦しみの中で生き抜こうとしていると感じるようになったからである。孤独は苦しいと分かっていて、あえて孤独を選んでいるクライエントもいる。そこには他者からの傷つきなども影響しているものの、その孤独を通して本来の自分自身になるクライエントが多い。クライエントはセラピストとの関係性があるからこそ独りになれる。この豊かなパラドックスをPCTは提供する。

私は一時、地域臨床・コミュニティ心理学という領域にのめりこんでいた時期がある。人と人がつながれる関係性のコミュニティが必要だと強く感じていたのである。その時期にリーター（Lietaer, G.）というベルギーの有名なＰＣＴの先生にその考えを話すと、リーター先生は「自分もそう思う。ロジャーズは人の自律的な面をやや強調し過ぎているように自分は思うんだよ。人は自分でやっていかなければならず、頼ることはできない、と言っているみたいで」と言っていた。確かに、ロジャーズの「人は自分自身を変える大きな力を持っている」という考え方の中の「人」を、リーター先生のように取ることもできる。しかし、何か違和感もあった。後になってから、リーター先生はフォーカシングや情動焦点化法などＰＣＴの技法系の発展の擁護者だということを知った。なるほど、これらの技法ではＰＣＴの対話系のようにクライエントが一人で問題にとり組むのを支えるのではなく、セラピストのリードで自身の体験に取り組む、とも言える。リーター先生はそれを言おうとしていたのだろうと考えると納得がいった。しかし、私はその後も考え続けた。

（第八章のコラムへ続く）

第七章　自己一致

1 クライエントへのネガティブな感情を巡って

自己一致する意味はあるのか？

まずは自己一致を巡る私の初期の個人的経験から記しておきたい。心理療法を勉強し始めた頃、自己一致にどういう意味があるのか分からなかった。自分の気持ちに正直で嘘がないということは人間として大事なことであるにしても、傾聴練習で一生懸命聴いているだけでもクライエント役には気づきが起こるので、理論として何の意味があるかも、そもそも自己一致とはどういう意味かもよく分かっていなかった。

そのうち、実際にクライエントにお会いするようになり、ネガティブな気分が湧くことをはっきり意識するようになった。以前は気づかなかったネガティブな気分をようやく把握 sense of grip するようになったのだから、それは私の成長である。ネガティブな気分と言っても「うんざりした」とか「会うのが嫌になった」などではなく、クライエントにどう答えたらいいのか戸惑っていることに気づくようになった。ただし、今、ぼんやりとした記憶の中で思い出すのは、戸惑っていると気づいてはいるが、それを隠そうとしていたということである。また、当時は「ネガティブな感情が起きると無条件の受容と自己一致は相反するので、中核条件は理想論でしかない」というような他学派からの批判に対して回答を持っていなかった。何も分かっていなかったのである。今、考えるとクライエントさんに大変申し訳なく思う。ネガティブな気分を活用できるかもしれない、ということを知ったのはさらにその数年後であり、「逆転移の治療的活用」という精神分析の概念が「純粋性 genuineness」という自己一致を表す別の概念と接点を持ち得ることを神田橋先生のご著書で知った記憶がある。

ネガティブな感情の自己表明から無条件の受容へ

そして神田橋先生のスーパービジョンを受けるようになった。初期に学んだことのうちの大きな一つはそのネガティブな感情の扱いであった。自己表明のコツとその後の治療的展開について、先生のまさに名人芸を教えていただいた。次第に自分でもネガティブ感情の自己表明が治療関係を展開させる感覚が分かるようになり、心理臨床の困難な局面の一つに対応する重要な技能を、ようやくある程度身に着けられた気がした。

しかし、神田橋先生はクライエントへのネガティブ感情を自己表明の技法だけで対応なさるのではなかった。先生からいただいた一言のコメントだけで私のネガティブな感じ方がガラッと変わる経験が何度もあった。自己表明などしなくてもいい場合があることを知った。だいぶ後になって、今度は私がスーパーバイザーとして若い人を指導する立場になった時、「セラピストにネガティブな感情が起こっても当然」と私には思える場面で、当の若いスーパーバイジーはそういう感情にあまり陥ることなく、やり取りをしているのを何度も聞いた。それらのことを通じて、セラピストの気持ちの持ちよう（態度）によってクライエントにネガティブな感情を持たずに済むことがあり得るという、当たり前のことに気が付いた。また、「ネガティブな感情が起きると無条件の受容と自己一致は相反するので、中核条件は理想論だ」という他学派からの批判に対しては、「ネガティブ感情が起こっていても、それと同時に無条件の受容が起きるように自分を整えるのがＰＣＴ」と考えるようになった。さらに、自己表明の技法を知ってはいても使わずに済むように無条件の受容を整えていることが重要、と思うようになり、自己表明の技法からは離れ始めた。無条件の受容について考えるということが、遅まきながらその頃から始まった。

それにしても、精神分析は概念をたくさん持っていると思う。この件一つとっても「転移」、「逆転移」、「病理」などさまざまな概念を使って論じているのに対し、ＰＣＴは結局「受容」という一つの概念に収束する。学ぶものにとっては精神分析の方が概念が多いので、把握感 sense of grip を持って対応している、という気分が湧きやすいのだろう。ＰＣＴから精神分析に鞍替えする人がいるのは了解できる。

2　自己不一致の経験

よく見かける自己不一致の経験：セラピストの役割や責任から

まず、スーパービジョンや PCAGIP 法でよく話題になる自己不一致から考えてみよう。スーパーバイジーや PCAGIP 法の話題提供者から出てくるのは、クライエントへの強いネガティブ感情などよりも、例えば「ケースが動きそうになかったので無理に動かそうとしていた」、「クライエントの話がどうしても逸れてしまい、私が焦っていた」というようなことである。要するに無条件の受容がなぜ起こらないのだろう、という自問である。一緒に検討していくうちに、「クライエントに対して自分らしくなかった」、「なぜか私の方が固くなって『クライエントは防衛している』とか思っていたが、防衛していたのは私の方かも。あの子は今まで私に『先生、もっと楽しくやろうよ』と言おうとして私を誘っていたのかも」ということにスーパーバイジーや話題提供者が気づいて、「ああ、そうだったのか」という落胆と共にふっと肩の力が抜ける。自己不一致だったことに後になって気づき、自己一致の第一歩を踏み出すのである。

このようにセラピストの役割や責任のために「専門家としてはどう対応したらいいのか分からない！」「専門家として自信がない」という気持ちを感じまいとして力みが入り、クライエントの体験世界から注意が離れる、ということがよく見られる。ケースの理解が進むのはセッション後になってその自己不一致に気づく時である。ということは、セッション中にその自己不一致の力みに気づけば「力みを緩めよう」と思えるのである。セッション中に気づかないと、セラピーは遠回りになったり中断になったりする。

個人としての拘りも自己不一致を作る

そのほかにも自己不一致を作り出すものはある。分かりやすいのはセラピストが大事にしている拘りのある信念、あるいは当然と考えて疑問を抱いたことのないような考えである。自分の信念と反対の考えがクライエントから語られたためにセラピストは揺れても、そのことに気づいていないと、クライエントのその感じ／考え方、あるいは人格を「奇妙」とか「不合理」、「病理的」などと見てしまう。つまり、セラピストは自分の判断を専門家あるいは常識人として歪みや偏りのないものと思って疑っていないのである。ＰＣＴを自認する人なら「自分は専門家なので正しい判断をしている」というような無邪気な偏見は持たないだろう。しかし、さらに一歩進めて、自分はクライエントと同じ一人の個人に過ぎず、自分とクライエントの考え方が異なることは当然あり得る、と思えるように自分を整えておく必要がある。いや、むしろ「クライエントは自分と異なる他者である」という認識を十分に持っていることが重要である。でないと対話にならない。クライエントの主体性が動き始めるのはそのような対話においてである。

余談であるが、専門家として行ったつもりのアセスメントや見立ては、自分が行ったにしろ、他人が行ったにしろ、ＰＣＴをある程度学んだ人なら、セラピストの色眼鏡がかかり得ると知っている。ＰＣＴのセラピストが他学派のセラピストから「パーソン・センタードの人は受容・共感ばかり強調するけど、クライエントとかPCAGIPのその話題提供者が出した結論が間違っていたらどうするのか」と批判された、という話を聴いたことがある。ＰＣＴからすると「自分は専門家だから正しい」と思っている時点でプロではない。「（専門家である）自分の出した結論が間違っていたらどうするのか」を考えるべきである。ＰＣＴのセラピストがアセスメントや見立てに慎重になる理由の一つである。

自己不一致に気づかない結末

自己不一致の問題をさらに進めてみよう。仮にクライエントの感じ方／考え方や人格を「間違っている」とか「病理的」などと無邪気に見ることはないにしろ、「このクライエントはこんな感じ方／考え方をしているんだな」などという印象をセラピストは持つ。それは人間として当然である。その印象はセラピストによっても、その時々によっても異なる。なぜなら、セラピストの感じ方／考え方にはそれぞれの「個性」あるいは「癖」があるし、体験過程は常に動いているからである。ところが、セラピストが自己不一致であると、自分に生起するクライエントについてのその印象に、自分の感じ方／考え方が影響している可能性に注意が向かない。つまり「この人はこういう人」という、クライエントについての情報としてだけ見てしまいがちである。なぜなら、そう見る方が把握感 sense of grip があってセラピストは楽だからである。しかし、少しでも自己一致しようとするセラピストなら、例えば、「今日はこのクライエントの話があまり理解できない」と感じた時、「今日のクライエントは理解しにくい」だけでなく、「自分の頭が働いてないのかも」、「以前、クライエントに聞いた話の枠組みに今日の話を無理に当てはめようとして、混乱しているかも」などと、自分自身の感じ／考えに気付こうとする動きが起こる。そして、「クライエントに何かねぎらいを伝えたい」とか「自分の中で固まってきた印象を伝えた方がいいかも」などという思いが起こったとしても、それは専門家としての「正しい判断」ではなく、一人の個人としてそう感じられているだけだと分かっているので、伝えるにしても押し付けにはならない。その典型がロジャーズによるジャンのケース（Rogers, 1986）である。また、これはクライエントの中に成長的な動きがあると見える場合も同じである。例えば、把握感 sense of grip を持とうとする動きや体験過程を進めようとする動きがクライエントの中に見えても、「自分にはそう見えているだけかもしれない」「そう見たいのかもしれない」などと自分の考えに気付いている。

以上をまとめると、セラピストはどのクライエントからも何かしら揺さぶられる。それが大事である。自分の考えや感じ方の癖がその揺さぶられにどう影響しているかに気付き、それに伴う感じ／考えを把握感 sense of grip を持って受け止められると、その分、クライエントへの共感的理解と受容の程度が高まる。

自己不一致のセラピストのクライエントへの影響

セラピストがある程度の不一致を抱えていても、クライエントに成長的な動きが起こることはある。また、セラピストにさらに自己一致の程度を高めるようにとクライエントが求めることもある。例えば、「先生は本当はどうお考えなんですか」などと質問するのがそれである。クライエントとしては、自分が本来の自分になる（自己一致）ためにセラピストにも一層の自己一致を求めているのである。しかし、それほどの力を持てないクライエントもいる。セラピストが不一致であると、その不一致に付き合わされて本来の自分で対話ができないことがある。特に、深い関係性 relational depth によってしか癒されないようなクライエントにとって、自己不一致のセラピストからの見せかけだけ受容〝的〟な薄っぺらな関係に付き合わさせられると、セラピストについての把握感 sense of grip が持てず、本来の自分になれない。

3 「自己一致」とは

セッション中の「自己一致」の現実

自己一致は「自己一致する」という形ではなく、「自己不一致であることに気づく」という形で始まる。不一致であることはその時点では不一致であるので気づかない。自己不一致への気づきは「あの時は、自分の中にそんな気持ちが動いていることに気づいてなかった」という形で、必ず後追い的に進む。そう考えると、セラピストはセッション中も普段の生活でも、何らかの自己不一致を抱えていると言えるだろう。

自己不一致に気づくのは自己一致への第一歩であり、そこから自分は本当は何を「感じ/考え」ているのか？　を探って自己一致しようとする動きが起こる。しかし、人の中ではほとんど常に一つの「感じ/考え」でなく、さまざまな「感じ/考え」が同時並行的に動いている。その全てに気づくことはまずできない。訓練を積んでも一〇〇%の自己一致は不可能である。せいぜいごくまれに一〇〇%に近づく瞬間があるくらいであろう。つまり、セッション中の自己一致とは、自己不一致であることに気づきやすい状態にあり、できるだけ自分の中に動く「感じ/考え」に気付こうとし続けていること、である。

クライエントとセラピストの自己一致は程度の違い

その意味では必要十分条件の第二条件であるクライエントが不一致の状態にあるとは、不一致に気づきにくく、一致に進む動きが生起しにくい状態、ということである。つまり、クライエントとセラピストの違いは自己一致しているか否かではなく、その程度の違いであり、互いに自己不一致を抱えている意味では共通している。どちらも自己不一致を抱えているからこそ、それぞれ一致に向かおうと協力し合う。

4　自己一致の度合いを高める

では自己一致を高めるために「何をするのか doing」？　自己不一致の気づきは PCAGIP 法やセラピスト・フォーカシング、スーパービジョンなどセッション後の振り返りを通して起きる、ということはよくある。ここではセッション中について述べておこう。中核条件の三つは絡み合っているので、無条件の受容や共感的理解が起こっているか？　と自問することも自己一致の程度を高めることにつながる。また、セッション中の努力 doing が奏功するかどうかは、セッション外での普段の生活での訓練が大きく関わっているので、セッション中だけの努力では不十分である。

自分の考えに気づき、自己受容が進む

先ほどから述べているように、初学者に起こりがちな自己不一致は「自分は専門家である」というような自己概念に縛られているために、その自己概念が揺さぶられるような発言をクライエントから聞かされると、一層その自己概念にしがみついてしまう、という状態である。しかし、それだけではない。「自分は常識人だ」という思いも自己概念であり、それも縛りになり得る。要するに、自己概念は何であれ、縛りになり得る。例えば「反抗期は成長の上でとても大事。自分も経験した」という自己概念を持っていると、反抗期を経験していないというクライエントの話を聞くと「それは問題だ」などと思ってしまう。実はそのセラピストが揺さぶられているのである。特に「反抗期は大事」という思いが強い人ほど大きく揺さぶられる。「揺さぶられている」と気づけると良いが、それが難しい。

セッション中に気づけるためには、自分を支えている考え（「反抗期は大事」など）や、自分が苦手意識をもつ価値観などに気づき、それは一面の考えでしかない、と普段から考えを巡らせておくことである。こうやって自分の考えに気づくのは、それを捨てるためではない。クライエントにとって対話の相手となる他者であるためには、セラピストは自分の考えを持っておくべきである。普段から自分の考えに気づいておくと良いのは、クライエントから自分が揺さぶられる考えを言われても「自分はこういう考え方なので、揺さぶられているのだ」と気づきやすいことである。

このように自分はどういう考えを持っているのか、なぜそう考えるようになったのか、などを内省することで自己受容が進む。「自己受容が進むと自分勝手になる」と考える人がいるが実際は逆である。自分を見つめる視点を持つようになることで、他者の考えも受け入れる内面が整うようになる。

自己開示

普段の生活でこのように自分を整えても、自分がすべて理解できるわけではない。しかし、普段の生活で自分の考えに気づき、そういう自分で周囲の人とコミュニケーションするようになると、セッション中にその感覚を少し思い出すことで、クライエントに対しても本来の自分で語る感覚が少しずつ分かってくる。ただし、セッション中はクライエントと向き合っているので、普段の訓練や内省の上に、さらに自分をオープンにして自己一致しようとする努力が自発する。つまり、普段の生活と連続している本来の自分ではあるが、それがさらに鋭敏になっていて、肩の力が抜けて一層自分がどっしりとそこに居る感じになる。それによってクライエントとの「今ここ」の瞬間を、セラピスト役割でなく、私個人として生きるのが本来の自分と感じられるようになる。私はクライエントと居る時が最も自由で本来の私個人に近く、普段の生活の方が社会的な役割の仮面を被っていると感じることがある。

クライエントに聴き手になってもらう

普通はクライエントについて分からない感じが起こっても、それを抱えながら共感的に聴き続けようとするが、クライエントにその分からなさを聴いてもらって自己一致の程度を高めようとすることがある。理論的には透明性 transparency の技法と言えるだろう。これが神田橋先生に教わったネガティブ感情の自己表明の技法である。ネガティブな感情が起こっていることをクライエントに伝え、それに対するクライエントのフィードバックを通して自己一致と、クライエントへの把握感 sense of grip が高まる、という流れである。例えば次のように言う。「今日は〇〇さんの話がいつもと何か違うな、というか、聴いている私の感覚が違うなと感じているんです。今日もご家族の件でお話しされていて、状況も変わっていないんですが、いつもと違って、ちょっと言いにくいんですけど、なぜか○○さんの話を聞きたくない気分が起こっていて、もちろん、少しでも理解しようという気持ちもあるんですよ。すみません、こんなこと言って。でも、この感じ、何かな？　ということが気になって、○○さんのお話がいつもほどには耳に十分に入らなくなってるんですよね」などと伝えるのである。それに対して例えばクライエントが「そうなんですか。家族の状況は変わらないんですけど。この頃、やっぱり家族を大事にしないと、と思うようにちょっと自分の中で変わってきているかな、と自分でも感じるんですど、そのことでしょうかね。先生が引っかかるのは」。それに対してセラピストが「ああ、そういう思いが少し起こってきているんですね。私個人は今まで話を聴いてきて、○○さんは家族から離れて自由になりたいと仰っていたし、私もそれを応援したいという思いが強くなってきていたので……でも分かってきた気がします。○○さんにやっぱり家族を大事にという思いが起こってきているのを私が雰囲気から感じて～」などと応答する。そこから、セラピストとクライエントの双方が自分の「感じ／考え」についての把握感 sense of grip が高まる、というような流れである。経験を積むと、これを技法として意図的に行うというよりは、クライエントもセラピストに対する聴き手になっていることが両者の間で共有されている、コ・プレゼンス（Mearns & Cooper, 2018／2021）の段階における自然な会話として起こるようになる。

このようにクライエントに一時的に聴き手になってもらい、セラピストが自分の内面で起こっている気づきの過程を透明にして伝えることは、クライエントにとっては、セラピストが自分との関係を本気で生きようとする内面と、その開示の実際の様子を見ることになる。クライエントはそれによって、自分の中で同時並行的に生起している「感じ／考え」への気づき性向が促される。また、短い時間のことであっても「自分はセラピストの役に立った」とか、「セラピストと対等な関係で話せた」という経験はクライエントに力を与える。特に、ネガティブな気分が起こっている場合にそれを丁寧に言葉にして示すことは、クライエントにしてみると錯綜してしまいそうな人間関係において、錯綜することも気分を害されることもなく、内面の感情を解明することが可能であり、しかもネガティブな気分でも安心して対話の俎上に載せることが可能であることを体験する機会となる。それは人間関係や自分の気持ちを信じられることを感じる体験でもある。

このように自己一致への気づきの過程を言葉でクライエントに伝えたり、聴き手として参画してもらったりすることで、クライエントに見せることができるようになると、セラピストは嘘のないありのままの自分をクライエントに提示していて、自己一致を実践できるように成長した自分を感じるだろう。この段階になると、クライエントに協力してもらうことは透明性の技法というよりも、クライエントとの自然な相互性として起こるようになる。

5　自己一致の基盤：個人としてのセラピスト

専門家アイデンティティをどう生きるかとインフォームド・コンセント

上述したように、自己不一致には専門家としての責任や力量についての自信のなさからくる力みや、また自分の判断は間違っているはずがないという思いから、自分の気持ちに気づきにくくなっている場合がある。このことは、自己一致の基盤には専門家というアイデンティティを自分がどう生きるか、が重要な側面であることを示している。それを普段から内省し、気づいていることが自己一致の質を深める。どう生きるかの答を得ていれば、もちろん自己一致の質を深めるだろうが、私個人はまだ考え続けており、答は出ていない。それでも、その自分を例えば、「自分はカウンセラーという立場上、○○さんの置かれている苦しさに共感し受容すべきだと思うのですが、正直に言うと私個人としては共感が起こってないのです。だから、先ほど私の表情がそっけなく見えたかもしれない、と思っています」などと伝えたりする。これが結果的に、自己一致の別の側面である透明性の実践になっている。

専門家というアイデンティティをどう生きるかは第二章で述べたインフォームド・コンセントの中にも反映される方が良い。つまり、自分はどういう考えであなた（クライエント）に向き合おうとしているか、自分はあなたとのセラピーでどういう点で助けになると考えているか、を伝えるのである。また、これこれの点については自信が持てないとか見通しが立てられないなども可能なら伝える方が良い。少なくともそれらの情報を伝えることは、クライエントがセラピーの契約を主体的に決められることを促す。それは心理職としての職業倫理であると同時に、ＰＣＴにとってはクライエントがセラピーという事態に対する把握感 sense of grip を持つうえで重要である。

個人としてどう生きるか

専門家としてのアイデンティティをどう生きるかの問いの先には、自分個人はどう生きるかの問いがある。その問いは多くのクライエントも抱えている。そう考えると、クライエントとセラピストはもはや同じ問題を抱えた者同士のセルフ・ヘルプ・グループの仲間のような立場になる。互いに瞬間を懸命に生きる一人の個人であり、セラピストが専門家として提供できるものはなく、できるのは第二章の職種のように、クライエントが自分で答を出すのに寄り添うだけである。もちろん、有償でセラピーを行うセラピストに対してクライエントが「専門家としてのセラピスト」を求めるのは普通のことなので、全く同じ立場には立てないが、そういう瞬間が二人の関係の中に自然に訪れる可能性はあるので、その際、その関係を壊さない配慮が必要である。個人としてのセラピストにとって、クライエントの生きる姿勢に触れることは大きな学びになる。この時はクライエントが教える側であり、セラピストが教わる側である。こんなことを書くと「お前はセラピストの仕事をしているのか？」と御叱りを受けそうであるが、実はこの時こそ、「クライエントが専門家」というＰＣＴの考え方が実践されている時である。

6　ほかの中核条件および「深い関係性 relational depth」理論との関係

自己一致と共感的理解

自己一致と共感的理解の関係について考えておこう。というのも、共感的理解はクライエントの「感じ／考え」を感受することであり、自己一致はセラピスト自身についての気づきであり、両者は感受する対象が異なるので違う体験のように思える。しかし、共感的理解はクライエントを対象としているものの、感じているのは実はセラピスト自身の感覚である。つまり、共感的理解について「クライエントの体験世界に入り込む」というような言い方をするが、それは比喩であり、実際に感じているのはセラピスト自身があたかもクライエント自身になり代わって感じてみるとどんな感じがするかを、自分自身に起こる感覚から類推しているのである。つまり、共感的理解は自己一致と同じ地平の体験である。そのため、一方の感受性が高まるともう一方も高まりやすい。

例えば、クライエントの苦しみを聴いたセラピストには寄り添って何とかしてあげたい気持ちが起こっている。そして例えば「聴いていると、あなたの痛みは〜な感じなのかな、と思えてきたのですが、いかがですか？」と言うのは、セラピストがクライエントとの感じを共感しようとして自分の中にある感じ(自己一致)を伝え、クライエントが語った言葉を通してさらに深く感じようとしているのである。セラピストのその確認の言葉を聴き、クライエントはそのように言うことでクライエントも自分の中にある「感じ／考え」を深く感じようとする。言い換えるとセラピストはそのように言うことでクライエントが自分の「感じ／考え」を把握 sense of grip するのを後押ししているのである。また、クライエントの話を聞いてネガティブな気持ち、例えばイライラとする気持ちが起きた時、自分の中には「共感的に聴こうとしている」、「しかしクライエントの今の発言を聴いてイライラとした」その他、同時並行的に起こっている「感じ／考え」に気づくと、ネガティブな気分だけに囚われずに、続けて共感的に聴こうとする意欲を継続することができる。ネガティブな気分が起きたことを自己表明する際も、穏やかに対話の話題として提示することができる。

このように自分の中に同時並行的に起こっている「感じ／考え」に気づこう(自己一致)とする作業は、スーパービジョンや PCAGIP 法で起こりそうな気づきをセッション中に自分一人でやる作業であると言えるだろう。一瞬のクリアリング・スペースとも言える。したがって、普段から完全なものでなくて良いのでクリアリング・スペースを短い時間で行う訓練をしておく方が良い。スーパービジョンや PCAGIP 法を体験して自分の気持ちを一緒に感じてくれる仲間の存在が心の中に内在化されているともっとやりやすい。

ところで、クライエントの体験世界を感じ取ろうとしても分からない、ということがある。何とか分かろうとしてクライエントに質問したり、クライエントの言葉をより注意深く聴こうとするのも当然であるが、重要なのは「分からない」と気づいて、それを「自然のこと」として怖がることなく受け入れることである。それが自己一致に向けた動きであるし、「何とか分かろうとしている」、「クライエントの言葉をより注意深く聴こうとしている」ことに気づいていることも自己一致に向けた動きである。たとえ自分の中の同時並行的な「感じ／考え」の全てに気づけなくても、気づける範囲でそのように気づいていることが重要である。分からなければクライエントに質問してもよい。しかし、質問しようとする時に背後に同時並行的に動いている「感じ／考え」、例えば「分からなくて焦っている」、「クライエントの体験の流れとは関係ないが、自分が落ち着かないから知りたい」などに気づけないまま質問してしまうと、質問することで背後に動いている「感じ／考え」に気づく機会を逃し、自己不一致を膨らましてしまう。分からなければ質問すればいい、と思って質問することが癖になっている人の中には、意識では「クライエントの体験に近づくため」と思っていても、自己不一致を積み重ねることになっていることがある。

自己一致と無条件の受容

セラピストが経験や訓練によって自己不一致から一致へと進む動きが生起しやすくなってくると、スーパーバイザーやPCAGIP法を内在化する必要性が減ってくる。自分の中の「感じ／考え」に気づくことの壁が低くなり、自己一致の度合いが比較的高いまま持続し、気づきによって自分から何が出てくるかについても怖れなくなるからである。要するに自分を信じられるようになる。それでも自己不一致が一〇〇％解消されることはない。ただ、自己不一致に気づき、同時並行的に動く「感じ／考え」に気づくのが早くなり、その分、自分自身への把握感 sense of grip が増し、ゆとりができるようになる。

クライエントにしてみるとそういうセラピストは、自分とは違う一人の個人としてフルに存在しようとしている人だと分かる。つまり、この人の言っていることは混じりっけのない純粋な反応なので信じられるという安心と、だからこそ自分もしっかりと向き合おうという気分をもつようになる。出会いの質が高まるのである。もちろん、セラピストがフルに一人の個人として存在しようとしていても、クライエントがセラピストのことを必ずポジティブに見るとは限らない。しかし、それでもセラピストには「自分は限界までフルに自分自身で居ようとしているのだから、それを受け入れられなければ仕方がない」と、そのように自分を見るクライエントや、その後に起こる未来も、そのまま受け入れる気持ちが起こりやすい。無条件の受容にとって自己一致がいかに重要かは第八章に詳述する。

自己一致と「深い関係性 relational depth」理論

自己一致に関して最近翻訳した「深い関係性 relational depth」理論について触れておこう（Mearns & Cooper, 2018 / 2021）。この理論は、深い治療関係そのものが癒しになる、という考えである。自己一致したセラピストが深い関係性 relational depth を追求する様子は現代の対話系ＰＣＴの一つの極点を示しているので、学んでおく方が良い。この理論の中にもセラピストの自己一致の気づきの過程をクライエントと共有するコ・プレゼンスの動きが出てくる。また、自己一致することの強みとそのための具体的な訓練の厳しさも生々しく書かれている。自己一致したセラピストが深い関係性 relational depth で向き合うクライエントの側も実存的な自分でいることを求められるなど、ロジャーズや古典的クライエント中心療法派の理論との違いも際立っており、興味深い。

「深い関係性 relational depth」理論とロジャーズや古典的クライエント中心療法との違いの一つは、私にはセラピストがクライエントに与える可能性のある影響について、セラピスト自身がどのくらい自覚的で許容的であるか、の違いのようにも思える。おそらくロジャーズは非常に自覚的であり慎重であったが、「深い関係性 relational depth」理論の主張はその慎重さが関係性の持つ深い癒しの力にブレーキをかけている、と論じているように読める。ケースによっては両者に大きな違いが出るだろう。どちらを取るか迷うところであるが、現時点で私は、どちらのアプローチにもオープンであるように努め、濃い相互作用を行う「深い関係性 relational depth」を主軸にするかどうかは共感的感じ取りによって、クライエントに合わせている。

7　クライエントに対するネガティブな感情

本章の最後に、ようやく自己表明の技法をそれほど用いなくて済むようになった現在の私の考えを述べておこう。

ネガティブ感情があることと無条件の受容の不整合を批判する他学派の論理は、一見するともっともなように聞こえるが、今の私から言わせるとその批判は「必要十分条件は全て揃っていなければならない」ということを理解していないように聞こえる。つまり、ネガティブな感情が湧く場合であっても、無条件の受容や共感的理解も起きている、というのが中核条件論である。例えば「クライエントが何とか自分の最近の苦しさを伝えようとしているのは分かるし、自分にも支えたい気持ちが起きているけど、なぜかこの頃、イライラして『この話やめてほしい』という気持ちが湧いている」というように受容・共感とネガティブ感情の両方が同時に体験されているのが中核条件論である。そのためには、第八章で述べるように普段から訓練によって無条件の受容が生起しやすい自分を整えておくことが必須である。私は今、同一の人に対するポジティブ・ネガティブな気持ちを両立するのは、日常生活の中では無理しないとできないことが多いが、セラピーのクライエントに対しては両方の感情をほぼ抱えられるようになった。普段の生活よりも自己一致が高まり、本来に近い私でいられるからであろう感情を同時に感じている時、クライエントと濃い多面的な相互作用を生きる生産的な時間になっていることを感じる。こうなってくると「クライエントに対してネガティブな感情が起きた場合はどうするのか」という議論自体が、同時並行的にいくつもの「感じ／考え」が動くことを知らず、訓練もせずに批判しているに過ぎないと分かってきた。また、ネガティブな感情が必要なこともある、と思うようになり、普段の生活ではそれを感じる自分を受容するようになった。

現在もクライエントに対してネガティブな感情が出てこないわけではないが、以前のように強いものではなく、一過性のものに過ぎなくなった。そのため表出はせず、しかも抑えこまずに抱えておけるようになった。ようやく、ロジャーズが自己一致を必要十分条件に入れた意味が分かる気がするようになった。

最後に一言。上に「クライエントに対しては無条件の受容とネガティブな感情の両方をほぼ抱えられるようになった」と書いたが、エラそうなことを書いたものである。こんなことを書いているとしっぺ返しがくることを怖れている自分もいる。

コラム

神田橋先生から離れ、かつ支えられ……

クライエントのネガティブな感情への対応として神田橋條治先生が教えてくださったのは、自己表明する技法だけでなかったことは本文に書いた通りである。先生からはたくさん教わったが、この技法は比較的、理論的に整理することができたので把握感 sense of grip を持ちやすく、こうして対象化して書くことができる。また、把握感 sense of grip を持てるものについてはその周辺に記憶も集中しやすい。次のエピソードはその一つである。スーパービジョンを終えてしばらくの間、折をみては先生の診察の陪席に参加させてもらっていた。ある患者さんに対して先生が言った言葉が強烈だった。鹿児島弁のアクセントで「今日はあんたに言う言葉が何も浮かばん」とおっしゃったのだ。私は感激した。究極の自己表明だと思った。言われた患者さんは先生に「また、先生はそんなこと言って」とおっしゃって、陪席していた私たちに「ねえ、こんなこと言って」とおっしゃった。陪席していた私たちはぎこちなく笑ったのを憶えている。このやり取りしか覚えていない。しかし、この一言だけで、その後数年、考える素材をいただいた。

それから長い年月がたったが、不思議なことに、私は今でも教わったその技法をいつもポケットに入れた気分でセラピーをやっている。そして、先生から教わったことから離れ、そうやっている私を神田橋先生は間違いなく分かってくれる、と信じている。抱えられることで離れられる、とはこういうことであろう。昨年訳した『「深い関係性」はなぜ人を癒すのか』(Mearns & Cooper, 2018 / 2021) の、長く持続する深い関係性 relational depth のくだりを読んでいる時、先生との関係を思い出すことはなかった。しかし、読んでいる時、私にはこういう関係の体験が自分を支えているという感触は確かにあった。先生との体験が内在化されているのである。

先生、有難うございます。

第八章　無条件の受容

1　無条件の受容はシンプルそうだが、最も大事な概念

意味の広さと捉えにくさ

無条件の受容はPCT実践の中心に位置し、その効果の源泉として巨大な力を持っている。ところが「受容ってクライエントを大事にすることでしょ?」という程度にしか捉えられていない。その程度のことならわざわざ勉強しなくていいとか、病理の重いクライエントには役立たない、などと思われている。実際、クライエントへの強いネガティブな感情（怯え、嫌悪）が起きたりしない限り、自己一致と同様、セラピストは困らない。また、無条件の受容は中核条件の三つのうちでも、特に「何をするのか doing」が語りにくい。そのため、初学者ほど受容を考えない傾向がある。特に困ってないのに、受容できているだろうか、と考えたりするようになるのは初学者を卒業した証しである。

自分が自分のままでいられること

無条件の受容の doing を考え始めるにあたり、まず次の確認から始めたい。人は常に本来の自分になろうとしている。しかし、自分が「感じ／考え」ていることが、本当に自分が「感じ／考え」ている、と確信を持てないと「生きる」ということが不安定になる。そのため、無条件に受容されることが必要なのである。これを、当たり前すぎて意識したことがないとか、同語反復のようで分からないという人もいるだ

ろう。そういう人には次のクライエントの言葉を紹介しておこう。あまりに大変な人生を送っているクライエントだった。私は何もしてやれないことを申し訳なく感じ、そう伝えた。クライエントは「二週間に一度のこの三〇分だけが私のままで居られる時間なんです」と言った。私は涙で言葉が出なかった。

わずかな時間でも自分が自分のままで居られることを人は求める。自分が自分の「感じ／考え」るままで居られることは自分という存在の根幹である。自分を一％も疑うことなく信じて受け止めてくれる親や大人の存在が子どもの支えになるように、「あの人だけは絶対に自分のことを分かってくれる」という存在がいることが人を支える。しかし、こういうことは頭では分かっても感覚的には分からない、という人がいて当然である。私自身、これが分かるようになったのは二つの大きな個人的経験からだった。

私の個人的経験

一つは私個人の経験というよりも、テレビで見たあるおばあさん[注1]の映像であった。記憶が間違っているかもしれないが、そのおばあさんは確か東北の方だったと思う。関東や関西など遠方から深い悩みを抱えた女性たちがぽつぽつとやってくる。私がテレビで見たある若い女性はおばあさんが作ったおむすびをいただくだけで、大して話もしていないのに、涙を流して、そしてしばらくして日常生活に戻っていった（と記憶している）。私は考え込んでしまった。その二人の間には言語による共感的理解というものが介在しな

注1　編集者によると、この方は「佐藤初女」さんという方ではないかということである。「森のイスキア」の主宰者で、悩みや問題を抱えて訪れた人をおむすびや手料理で迎えていたそうだ。インターネットで検索すると著作もたくさん出されている。

い。それなのにそこにはそのおばあさんの温かさによる、静かな深い癒しが起こっていた。圧倒的な映像だった。

もう一つは私自身が受容された経験である。幸い、私個人は多くの人から大事にされている人生であるが、その中でもこれは、何を話しても絶対に分かってもらえる、という経験であった。考え方は必ずしも同じでないし、私への言葉遣いも〝カウンセラー的〟ではなかったが、そんなことは問題ではなかった。その人は一〇〇％その人個人として、私の話を受け容れた。私も一〇〇％私自身であった。こうなると、話しても話さなくても分かり合えていることが双方にとって確かだった。このレベルの受容になると言葉での理解をはるかに超えている。

クライエントにおける無条件に受容される経験

こういう経験をすると無条件の受容は経験しないことには分からない、と思う。Mearns & Cooper（2018／2021）は深い関係性 relational depth が人を癒す大いなる力を与えることを書いているが、これは誇張ではない。また、Grant（1990）が無条件の受容について宗教にまで言及しているのも誇張とは思えない。無条件に受容されるという経験はそのくらい深いレベルにまで通ずるものである。何があっても絶対に分かってもらえるという経験を通して、クライエントは自分のままでよいことが一点の疑いもなく肯定されていることを経験する。それは、自分が「感じ／考え」ていることは間違いなく自分が「感じ／考え」ていることである、という、自分という存在の根幹の把握感 sense of grip に通ずる。無条件の受容が巨大な力を持っているのはそのためである。この経験は自分とは全く異質の（他者性 otherness を持った）相手が自分の体験に寄り添ってきて、自分を全的に肯定することを通して、である。ということは、セラピストはフルに自分自身である（自己一致）ことが求められる。

2　無条件の受容に向けて

reflection しても無条件の受容とは限らない

これほど深い人間的経験なので、無条件の受容に関してセラピストはこれをすればよい doing というものを特定しにくい。上述したおばあさんのようにおむすびを作ってあげたらいい、というわけでもないし、ある意味では何をやっても doing になり得る。そこでまず、議論になりがちな二つについて伝達［六条件］の観点から考えてみる。一つ目は reflection である。

まず、明らかに無条件の受容と言えない場合を確認しておこう。一つは、「頷いて reflection することが受容・共感」だと思って reflection したり、クライエントの話に十分について行けてないのに、「うんうん」とか「なるほど」と頷くことである。これでは無条件の受容という内的体験が伴っていない。それに関連するが、心理療法に関する議論では「とりあえず、（reflection 応答によって）相手の話を受容してから〜」という言い方がなされることがある。しかし、「とりあえず」受容するなどという考え自体、PCTではあり得ない。また、無条件の受容をビジネスにおける客への接遇と勘違いして、表面を作って頷いたり reflection する人がいる。PCTでも接遇は必要だがそれも無条件の受容ではない。

ところで、言語応答をほとんど reflection だけに限定し、それ以外は何も言わないセラピストがいるらしい。そうすることが無条件性や非指示性（Lietaer, 1984）の表出と考えているのもしれない。私はたまたま「以前のカウンセラーは嫌でした」というクライエント何人かとセラピーをする機会があった。クライエントが言うにはおおむね、「前のセラピストは私の言葉を繰り返すだけで、それ以外に何も言わず、先生がどう思うか何か言ってほしいと言っても、『私に何か言ってほしいんですね』と言うだけだった」とのことである。こうなるとクライエントの話を耳に入れようとしない reflection 至上主義であり、真摯 authentic でないどころか、クライエントをダブルバインドに陥れることさえあるだろう。

逆に、内的体験である無条件の受容が自然に外に表出されるのであれば、その現れ方はさまざまあってよい。reflection にしてもクライエントのそのままを支えたいという気持ちから自然に出てきたのならば無条件の受容が反映されていると言える。興味深いのはロジャーズ晩年のジャンのケース（Rogers, 1989／2001）やメアンズのケース（Mearns & Cooper, 2018／2021）である。これらにはクライエントの話の流れから外れたり、体験の流れを遮るようなセラピストの発言があり、ところが、そのなかにクライエントが自分自身を支える「感じ／考え」を見つける動きに向かう重要な分岐点になっている箇所がある。ロジャーズはその時は「変性意識状態」にあったと言っているが、いずれもクライエントの体験世界に大変な集中力で入り込もうとして自然に出てきた反応であることが、クライエントにも伝わっている、ということの大きさを感じさせる。

ところで、このような事例を読むと、セラピストの内的に起こったことは何でも外に表出するのが良いように思えるかもしれない。しかし、これらは中核条件の三つが高度に実現された「プレゼンス」になって発出されたものであることに留意しておきたい。通常はクライエントへの共感的モニタリングによって表出する／しないによるクライエントの体験への影響を感じ取って判断する、という手順を踏むべきである。

励ましてはいけないか？

ところでPCTでは伝統的に「励ましや賛同などはすべきではない」と考えられている。つまり、セラピストが「復職がうまく行くよう祈っています」とか「私も同じ考えです」などとクライエントに言うのは、セラピストの欲求や意見であり、クライエントへの価値の条件付けになる、という理由から、言ってはいけないと考えられている。この理由は理解できるが、私は励ますことも賛同を伝えることもある。賛同や励まし、いや叱られることによってもクライエントが無条件に受容されたと感じることはあり得るからである。重要なのは「無条件の受容が自分の中に起こっているか」や、「自分がそこに存在（プレゼンス）していることが、クライエントにとって無条件に受容される経験になっているか」という本質的な面に目が向いていることである。逆に「この応答はすべきでない」というDon't ruleを作ってしまうと、本質的な面に目が向かなくなる。上述のreflection至上主義のセラピストも、reflection以外は言ってはいけないというDon't ruleのもとで本質的な問いに目が向いていない。

もちろん、賛同や励ましをしたければする、というわけではない。しかし、慎重な共感的モニタリングを続けていてもなお、それをかいくぐってクライエントの助けになりたいという純粋な気持ちからの賛同や励まし、怒りなどの気持ちが湧くのは無条件の受容であり、それが自然に表出されることは第六条件［伝達］である。それでも、それをクライエントが無条件の受容と感じるとは限らない、と意識し続けている。

ちなみに、「この応答はすべきでない」のようなDon't ruleに限らず、「こうすべき」などのルールを身に着けていることが一般にプロとか社会人だと思われている。もちろん、大事なことはたくさんある。しかし、それらのルールや社会的な評価基準を知っていてもなお、それに捉われずに自分の中に湧き上がる

「感じ／考え」を信じ、自分で考え、迷えることがプロである。ＰＣＴではそれが少なくとも倫理である。ルールに従うだけならＡＩと変わらず、クライエントとの関係を生身で生きていない。

当然、自分自身で考え、判断した応答を伝える最中もその後も、共感的モニタリングは続ける。本当に正しいとは限らない、と分かっているからである。もし、クライエントの表情にプレッシャーや違和感が一瞬でも出ているのをキャッチすれば、その応答は取り下げる。例えば、「うまく行くよう祈っています、って言ったけど、ちょっと言い過ぎたかもしれません。うまく行ってほしいと思ったのは確かですけど、復職は相当に神経質なプロセスが続くことも私はよく知っているので、うまく行かなければ次の戦略をまた一緒に考えたい、と思っています」などと言う。政治の世界では失言は簡単に撤回できるようだが、セラピーでは逆に真摯に、慎重かつ丁寧に伝えることが求められる。

3　無条件の受容に関する自問

「無条件に受容できていないのでは」との自問が湧くようになるのが成長

共感的理解や自己一致は、自分の中で感覚が動いたり変化したりするのが実感として感じられるので、それが濃やかになると、セラピストの自覚としては自分で上達したことを感じられる。無条件の受容はそのような感覚的な指標が持ちにくく、「できた」という自覚は起きにくい。私自身の経験からもスーパーバイジーを見ていても思うのは、無条件の受容もほかの中核条件と同じく「十分達成できていないのではないか」と思えている方がよい。ただし、その雰囲気は、それによってほかの二条件のように精度が上がるというよりも、人間の深みに「感じ／考え」が向かっている感じがある。例えば、「クライエントが求めている関係は、私が今まで知らないようなもっと濃やかな深いものなのかもしれない。私がどこか自己不一致になっているために、そこに目が向いてないんじゃないか」のような、自分自身とクライエントに対する深い問題意識になっている。こういう場合のスーパービジョンはほとんどセラピーそのものである。

このような経験から思うようになったのは、無条件の受容はほかの二条件のように「できていない」という自覚がその精度を上げるというのではなく、「無条件の受容は起こっているのだろうか」という自問が発せられるようになっていることがセラピストの成長らしい、ということである。

無条件の受容に関する自問の例

以下に、その自問の例のいくつかを並べてみる。

①「私はクライエントの訴えが本当に自分の耳に入っているか？　ただ〝ビジネス的に〟処理しているだけではないか？」

これはセラピストとしてクライエントに耳に傾けるということはどういうことかが、本当に自分は分かっていなかったのではないか？　という問いである。現場でのクライエントとの対応に困り、「とにかく対応方法を教えてほしい」と四苦八苦しているような初学者にはこの問いは出てこないので、この問いが自発すること自体、成長である。

②「私は自分が学んだ『これが受容』というものをただ実践しているだけはないか？」

人から教わったことをするだけならロボットと変わらず、（ほかの誰でもない個人としての）私はそこにはいない。無条件の受容を自分の頭で考えなければならない、という問題意識である。これは、セラピーは人と人の出会いであり、一人の個人としてクライエントにじかに向き合うことが大事ではないか、というような思いがなければ出てこない。依拠する学派や理論の縛りから離れて、自分個人で考えようとする局面でもこのような問いが起こる。学派と格闘し、離れることにもつながる問いである。

③「私はクライエントをクライエント・患者とだけ見て、個人として尊重してないのではないか？　私は個人になっているのか？」

これは①②とも共通する、一人の個人としてのクライエントに出会おうとしていないんじゃないか、という問題意識であり、個人として見ようとしていない自分も個人になっていないんじゃないか？　自分はただセラピストとクライエントという役割関係の中に自分とクライエントを置いているのではないか、また自分はセラピストという立場にあるだけで、クライエントを自分よりも下に見ているのではないか？という疑念である。

④「私は今のクライエントをありのまま受け入れて、肯定する気持ちが湧いているか？」

言葉の上ではふんふんと頷いたりしているが、私は本当にクライエントを受け入れているのか？　見せかけじゃないか？　という疑念が湧き上がったものである。本当に受容することはどういうことか分かっていないのではないか？　につながる問いである。

⑤「個人として尊重するとはどういうことか？」

セラピーとは何なのか、につながる、①〜④の上位にあるような深い内省を求められる哲学的な問いである。

無条件の受容に関する私の自問

これらはいずれも受容とは何かという本質的なテーマが、自分の問題意識として湧きあがったものであり、特定の事例だけでなく自分なりのPCT論、臨床観、広くは人間観を考えることに通じる深い問いである。「無条件の受容」に真剣に向き合い始めていると言えるだろう。これらはいくら掘り下げても最終の答に辿り着かない深さがある。とは言っても、未完成ながらでも自分なりの考えをその時その時で持っておかないと、クライエントに向き合えないことがあるので、先延ばしにせずに考える必要がある。後述する**利他の思い、自己抑制**には私なりの問題意識の一部を反映させている。

4　無条件の受容のために普段の訓練で「何をするのか doing」

「何をするのか」：セッション外、セッション内の努力

無条件の受容はクライエントを前にして「よし、頑張って受容するぞ」と努力して起こるものではない。セッション中だけ無条件の受容が起こり、セッションが終わったら無条件の受容も終了する、などということもない。無条件の受容は内的に起こるものであり、セッションが終わっても続くのが当然である。それがクライエントに届くかどうかは、第六条件［伝達］に関するものである。

言い換えると「この行為を行えば doing 無条件の受容になる」というような行為 doing を特定できず、逆にそこに無条件の受容が反映されるならば、doing は何でもあり得る。

では、無条件の受容のために何を努力できるか？　となると、ほとんど普段の生活における訓練、ということになる。セッション中にクライエントに対して助けになりたい気持ちが動きやすくなるように、社会や人生に対する見方を振り返ったり深めたり、人は必ず肯定的に変化するということへの信頼を積み重ね、セッション中クライエントに対して無条件の受容が動くように、普段の訓練などによって自分を整えておくことである。

以下、まずセッション外の普段の生活で自分をどう整えるかについて述べ、セッション中の努力に関して補足的に説明を加える。

社会的な問題意識

上述したように無条件の受容に関する問いが自発するようになることはセラピストの成長である。その問いが起こるような自分になるためには、心理療法や心理学の本だけでなく、広く社会的な問題に関心を持ち、さまざまな領域の対人的営みについて学び、それに携わる人の考えに触れる方が良い。それこそ、世の中の全ての出来事が社会的と言えるので幅広いが、少なくとも人権問題、人間関係の問題（ハラスメント等）、災害や事件・事故の被害者やその家族、疾患の障害の苦しみを負う人やそれを支える人などについては、普段から考え続けることが必要である。また、そういう人たちに対する支援活動としてどのようなものがあるのかを知ることも視野を広げる。これらを知ることはクライエントをリファーする際の知識を得るという面もあるが、それよりもクライエントはどう困難を抱え、対処し、それに対するどういうサポートが有用なのかを考える刺激になる。そのような問題によってどんな苦しみや困難を体験することになるのか、それをどう乗り越えようとするのか、またそういう人々をどんな風にサポートするのか？　を知り、考えることによって、無条件の受容、ＰＣＴ、そして心理療法による支えの力など、さまざまなことを考える学びになる。

問題を乗り越える人についての情報に触れる

これは上述の社会的問題意識に通じるが、問題を抱えた人がどうそれを乗り越えるかについて、特にその内面のあり様を、映画や文献、身近な出来事から見ておく方がよい。ＰＣＴを含めて心理療法は人が困難や問題へ対処するうえでの支援論である。中でもＰＣＴはクライエント自身が問題に向き合い、抱え、対処できるようになることを目指しているので、社会の問題に対して人々がどのように対応しようとし、その意欲を持つようになるのか、などの点からいろいろな情報に触れ続けるほうがよい。人によって異なるさまざまな対応を知っておく方がクライエントの話を聴く際のこちらの枠組みが広くなる。

また、そういう情報に触れ続けることは、人は自ら問題を乗り超える力があるということを常に自分自身に対して教育することになる。それは、自分が担当するクライエントの問題に対してクライエント自身が対処する潜在的な力を持っていることを信じる基盤を作ることになる。なお、ここでは「乗り越える」という表現を用いたが、それを「問題に打ち勝つ」というような狭い意味で捉えないことが肝要である。クライエントの中には「打ち勝つ」ではなく、「問題を自分のこととして受け入れる」ことで乗り越える人も少なくない。ハリウッド映画の結末のようなことばかりをイメージしていると視野が狭くなり、せっかくクライエントの中に起こっている問題への対応の動きを見逃してしまいかねない。

人は「常に成長している」、「エネルギーを出そうとしている」と見る

人は瞬間瞬間を懸命に生き、成長しようとしている。そのエネルギーが感じられるようになる訓練が必要である。さらにその成長が容易に見えない人に対しても、その成長が起こっていると信じられるようになる訓練が必要である。この訓練は情報に触れることと同様、クライエント自身が問題に対処できる力を持っていることを信じる基盤を作ることに役立つ。

私は最終的には把握感 sense of grip という考えにたどり着いたが、今も実現傾向や体験過程理論を考えている。ただ、理論だけをいくら考えても進まない。やはり、自分を含めて人の生きている様子を見て感じ取ろうとする訓練が欠かせない。特に、成長しているとか懸命に生きていると思えないような言動、あるいは一般には批判されたり侮辱されたりする言動の中に、成長しようとか懸命に生きようとしていることを感じ取る訓練は非常に価値がある。例えば、その人が楽しい時を過ごしている時でも、気楽に過ごしている時でも、成長しようとしていると感じ取れるか？ 無茶な困難に挑戦したり、その計画を考えたり、他人に嘘をついたり騙したり、傷つけたり迷惑をかけたりする言動の中に、懸命に生きようとしていることを感じ取れるか？ などである。

このように感じ取ろうとしてみると、「人を騙してはいけない」、「無理はせずに少しずつやる方が良い」などのいわゆる「価値観」や社会的常識のために、自分が成長を感じ取りにくくなっていることが分かるだろう。人によってはそれ以外の何かが感じ取りを妨害していることもあるだろう。社会的基準からして好ましくない行動をとる人をただネガティブに評価するだけだと、そこに成長や懸命に生きる姿を感じようとする無条件の受容が起こらない。ということは、自分が持っている価値観や信念、社会通念や常識に気づき、それが自分の感じ方にどう影響しているかを普段から内省しておく方が良い。このような自問の

内容を自分の問題意識によって変えたりハードルを上げたりすることが有用なこともある。例えば、他者に迷惑をかける人に「成長しようとしていることを感じ取れるか?」だけでなく、さらに「尊重できるか?」にまで問題意識のハードルを上げたり、「成長しようとしていることをフェルトセンスレベルで感じられるか?」と掘り下げたりするのである。このように自分の受容の〝可動域〟について自問が起きることは、上述したようにセラピストが成長している、ということである。

留意しておきたいのは「成長」、「懸命に生きる」などの表現はエネルギッシュなものをイメージしやすいが、そればかりではない、ということである。自分を落ち着かせようとして周囲の刺激を避けたり、成熟しようとして言葉少なになったりすることもある。もっと人間的な深化という意味では、「頑張らないことにする」とか「人生を諦める」とか、「現状維持で行こうと決める」ことが成長ということもある。若いセラピストの場合、なかなか分かりにくいかもしれないので、その「感じ／考え」を感受できるようになるためには、小説を読んだり、人から話をうかがう機会などを通じて、それを感じ取れるようになる訓練も重要である。こうした訓練を重ねると、事例に関して一般的にはネガティブに分類されそうな情報を得ても、それがクライエントのポジティブな面を示す情報として統合される動きが起こるようになる。

複数の観点を抱える

成長的な観点にしろ、上述した社会的な問題意識にしろ、問題を乗り越える人の情報にしろ、複数の見方を抱えられるように、普段から一つだけでなく二つ、三つと観点を増やすほうがよい。観点が一つだと視野狭窄に陥る可能性があるからである。私が本書で何か所か、「～といいながらも共感的なモニタリングは続いている」のような、最後になってその節全体の論旨を引っ繰り返すようなことを書くのも、クライエントを前にして視野狭窄に陥らないようにするためである。

複数の観点の保持の応用としては、それらの成長的な観点だけではなく、他学派の病理的な観点も持つよう訓練することをお勧めする。私個人は大学院時代に村山先生のほかにも他学派の先生の授業に触れることができたので、その当時から訓練をしていたようなものである（中田、二〇一九年）が、慣れない人もいるであろう。また、ＰＣＴの訓練とは言えないのではないか、と思う人もいるだろう。成長的な観点と病理的な観点は確かに矛盾するが、それを持てることは、セラピーにおいてクライエントと自分という、異なる二者の観点[注2]を抱える訓練になる。言い換えると、それはクライエントの観点への共感的理解と、自分の観点への自己一致を同時に行う訓練になるので、ＰＣＴとしてはむしろ、実用的な訓練である。しかし、両者の観点に類似点がなかったりする場合は、どうしても自分の観点が正しいと思ってしまいがちである。そのため、両者を同じように抱えるのはとても難しいが、その分、訓練することは意味が大きい。configuration 論でも成長的な面と非成長的な面の両方を受容できることが重要であるように（後述）、反対の考えを抱えたり、迷ったりできるのがＰＣＴのプロである。ＰＣＴの家族療法のセラピストは個々の家族成員が持っている異なる観点を抱えるらしい。エンカウンター・グループのファシリテータはメンバーの数だけ観点を抱えようとする。病理的な観点を抱える別の理由もある。医療においては当然のこと、現在の心理臨床業界において病理的な観点は「公用語」であるからである。さらに別の理由として、クライエントの「感じ／考え」がどうしても理解できない時、共感的理解の暫定的な代用品として用いることで、とりあえずの把握感 sense of grip を持つことができるからである。

「観点」とは同時並行的に起こっている「感じ／考え」の一つである。共感や自己一致のやり取りが進めば、クライエントもセラピストもその「感じ／考え」全体の布置が変わったり、色合いが変わったりする。

また、クライエントの方では変わらなくても、セラピストの方で変わることによって、クライエントへの受容が起こりやすくなる。それはクライエントの影響を受けてセラピストが変わる（第六章）ことである。

受容を後押しする言葉：「人生には何でもある」

私は少しでもクライエントを受け入れられるようになりたいと思っているうちに、自然にある言葉が定着するようになった。それは「人生には何でもある」である。以前の私の言葉は「人生は必ず何とかなる」という考え方であった。いつの間にか私に合わなくなり、そのうち「人生、なるようにしかならない」という考え方に変わった。これは長い期間、私にフィットして有用だったが、言葉遣いがどこか人生を投げているように感じられるようになり、これもいつの間にか取り下げていた。今はクライエントへのネガティブな気分が起こりそうになったり、ありのままを受け容れられそうにない時、「人生には何でもある」あるいは「そういうこともある」などの言葉を思い起こすことで、自分の中の「受容したい」という気持ちに触れることが続くようになり、重宝している。

しかし、私はこの言葉が必ずしも好き、というわけではない。というのは、この言葉は現状維持を肯定するように聞こえるため、地球上のあらゆる出来事を肯定するような自分になってしまいそうだからである。例えば私は、今起こっている地球温暖化の現象を全く肯定できない。しかし、「人生には何でもある」という言葉は地球は温暖化しても仕方がないとか、あってはならない問題に対して自分を無気力にしてし

注2　ここで言う観点とは言い換えると内的照合枠（Rogers, 1957／2001）のことであるが、本章では「観点」や「感じ／考え」を用いる。

まいそうな感じが起こる。したがって、「人生には何でもある」という「感じ／考え」と、「しかし、全てのことを『何でもある』と思ってはいけない」という「感じ／考え」の両方を抱えることによって私は自分を保っている。「人生には何でもある」は中田バージョンの無条件の受容の際に湧いてくる言葉である。読者の方は無条件の受容を維持し高めるための自分なりの「感じ／考え」を普段から考えておくと良いかもしれない。

とはいえ「人生には何でもある」という考え方は、人生を「諦めること」、「頑張らない」、「仕方がない」などの考え方への受容にも広がった。例えば、私個人は「諦めずに頑張ることが大事」という「感じ／考え」を持っているが、それがクライエントに対する受容を妨げてはならないとも考えている。クライエントが「○○を諦めます」と言うのを聴いて、「諦めてはいけない」とか「諦めてしまったのか、あ〜あ」という気分が湧くと、とても受容にはならないからである。しかし今は、「諦める」や「頑張らないことにする」、「今はこれしかできない」、「仕方がない」などの言葉を、自分のさまざまな考えを統制 sense of grip するための重い主体的な決断の言葉であると感じるようになった。特に「諦める」は思いや判断が統合された重い言葉であると分かるようになった。また「人生には失敗もある」と受け入れるようになった。

その一方で「人生には何でもある」という考え方は、何からまくいかないことがあっても、またいつかやり直す機会があったり、うまくいかなくてもそのことが人生を切り拓いたりする契機になる、という考え方の受容にもつながっている。クライエントが新たな何かを冒険的にやろうとする時、私にはその意味での「人生には何でもある」という思いが浮かんでいる。それがあるので、クライエントに「やってみたらどう？」という言葉を言うかどうかはその時の判断であるが、気持ちとしてはその冒険的な試みを受容する気持ちになる。場合によってはあらかじめ「うまくいかなかったらまた考えましょう」と伝える。それは、「人生には失敗がある」ことを認めている自分を提示することでもあり、失敗した時のクライエントでも受容するという気持ちの現れでもある。これを、configuration 論で整理しておくと、成功した時のクライエントにも失敗した時のクライエントにも、また、現在のクライエントにも未来のクライエントにも、過去のクライエントにも、共感・受容するということである。

とは言っても、私は個人としては「諦めずに頑張るのが大事」という人生観を捨ててはいない。クライエントと異なる人生観を持った自分を明確に意識していることはセラピストの他者性 otherness の重要な側面である。自分は「頑張るのが大事」と思っていながら、そうでない人の両方がいることを同時並行的に起こる「感じ／考え」として抱えるように普段の訓練で定着させるのである。多様性にオープンになる訓練とも言えるだろう。

5　無条件の受容のためにセッション内で「何をするのか doing」

共感的理解と自己一致の精度を高める

上述したように無条件の受容のためにセッション中にできること doing はほとんどない。共感的理解と自己一致の精度を上げることが無条件の受容を高めるので、その意味では両者の精度をより高くしようとすることが doing である。クライエントにしてみるとセラピストが完全に異質の他者であることが無条件の受容につながるので、セラピストはフルに自分自身であるような自己一致を目指すほうがよい。それはおそらく不可能であるが、そうなろうと努力することは可能である。その努力も含めて自分の中に起ることが自然に表出される［第六条件］ことに、ブレーキをかけないことはdoingである。

なお、共感と無条件の受容の関係について一つ指摘しておきたいのは、必ずしも共感の精度が高くなくても無条件の受容は起こる、ということである。無条件の受容の本質は言葉などによる理解ではなく、その人の存在そのものに対する絶対的な肯定である。子どもが何を考えているかよく分からないが、絶対に信じている保護者とか、言語コミュニケーションができなくても乳幼児に対する全的な奉仕が自発するなどはその例である。例の東北のおばあさんも大して話はしていなかったと私は記憶している。

利他の思い

セッション中のdoingは共感的理解と自己一致であるが、それに関連して無条件の受容の観点から利他の思いを考えておく方が良い。クライエントに対して利他の思いが起こることは生物種として自然なものであり、対人支援の職種にとって最も基本的な心のあり様だという神田橋先生の指摘（神田橋、一九九〇年）を読んだ時、目が覚める思いであった。ＰＣＴのセラピストとしても自身の利他の思いを持てるようになるべきである、と書きたいところだが、そう単純ではない。

以下は神田橋先生のその指摘を読んでから考え続けている私なりの問題意識である。私だけでないと思うが、利他の思いはクライエントによっても、また同じクライエントに対してもその時々で変わる。大きさも質感も変わる。そのように変化するのは生身の人間であるセラピストとして自然なことではある。しかし、それでいいのか？　誰に対しても同程度の利他の思いを抱えるべきではないのか？　また、利他の思いとは言うものの、ＰＣＴをしたい、という思いからＰＣＴを行うのはそのセラピストの欲求であって利他の思いとは言えないのではないか？　という問いが今も私の中で続いている。

利他の思いをめぐる経緯

もう少し私の経緯を書いてみる。ずっと以前、当時はまだ、そういう言い方はなかったが、私は今で言えば「フォーカシング指向心理療法家」（Gendlin, 1996 / 1998）のように仕事をしていた。ある時、私は自分は「フォーカシングをやってみたい」という欲望に動かされて仕事をしていることに気が付いた。クライエントを助けようとしながら、フォーカシングはどう人の支えになるのかを探りたかった。私は大学院生でもあったので、研究する立場としてそういう思いになるのは当然であったとはいえ、私の頭の中の主な関心はクライエントにではなく、フォーカシングに向いていた。当時は、「法則を見つけたいという人間が持っている強い思いが科学を発展させてきたのだから、私のフォーカシングがどう人の支えになるのか探りたいという思いも人間として自然なことだろう、それとも、それは抑制すべきなのか？」などとぼんやりと考えていた。そういう内省を続けるうちに私の中には「何とかしてあげたい」という利他の気持ちもあることに気が付いた。それを意識するようになると、次第に私のスタイルが変化してきた。私の面接はフォーカシング技法から離れ、reflection を中心としたものになった。しかし、そこでも自問が始まった。reflection はクライエントが自分の発した言葉を自分の中で響かせ、自分の感じていることを明らかにするのを促す。確かにその動きがクライエントに起こることは感じるが、「クライエントに、言葉を響かせたい」と思うのは私個人の欲求ではないか？　という問いである。そして共感的にクライエントの体験に沿っていると、reflection しなくてもクライエントの中に自分の言葉を響かせようとする動きが起こる場合があることも分かってきた。本書で把握感 sense of grip を求める動きとか、気づき性向と命名した動きである（当時はこのような概念化はできてなくて、ただ感じていただけだったが）。そう思うようになって私はreflectionにも距離を置くようになった。少なくとも、「クライエントの中に言葉を響かせよう」として行うreflectionはできるだけしないようにと思うようになった。そのうちに、「私はあなた（クライエント）の伝えようとしていることを理解していますか？　あなたの意向に沿ったセラピーになっていますか？」とそのまま問うことがreflectionという形で現れることもある、という風に変わってきた。これにはロジャーズのreflectionに対する考え方（Rogers, 1986 / 2001）の影響も大きい。今はその段階にいる。

神田橋先生の利他の思いへの指摘を読んだのはもう三〇年近く前のことであるが、いまだにこの問題に対するはっきりとした答は出ていない。比較的はっきりしているのはフォーカシングを含めて技法を使ってみたいという思いがある人、特にその思いが強い人の中には、クライエントに対する利他の思いがあまりない人がいる、ということである。それと同じように、技法ではなくてもある療法をやってみたいという人の中にも、クライエントへの関心があまりない人がいる。ＣＢＴのような技法系の心理療法だけでなく対話系でもいる。精神分析においては新しい解釈の有用性を知りたいと思って解釈しているようなセラピストはそれに当たる。逆に技法を使う人でもクライエントへの利他の思いを持っている人はいる。ではＰＣＴはどうか？　今までそういう人を見たことはないが、ＰＣＴを試してみたいと思ってやる人もいるのではないか、と思う。かくいう私自身にもそういう自分が一部いるのは確かであるが、その自分が大きくなり過ぎていないか、という自己モニタリングする意識をいつも抱えるようにしている。

一方でいまだにはっきりとした答が出ていない問題もある。例えば「利他の思いは利他の欲求ではないか？　欲求を満たすために利他という行為をしていいのか？　それで本当に利他になるのか？」という問いである。利他の欲求を満たそうとすると、クライエント当人にとって余計だったり、求めていることと違うことになることがある。利他の欲求であったはずなのに、自分流儀の利他の仕方の探求をしたり、人を支援するという形で自分の有能感を感じようとする欲求が移行し、クライエントが見えなくなるからである。しかし、利他の欲求は対人支援行為の原初のところにある感情でもある。人類に利他の欲求がなければ、人を助けるという行為そのものが生起しなかったであろう。医学も臨床心理学も誕生しなかったであろう。つまり、利他の欲求がないことに利他は始まらない。考えてみると、利他の思いの最早期の現れの一つは、自分の身近な大事な人に自分が役立ちたいという欲求に始まると思う。例えば「お母さんの役に立ちたい」という欲求である。そして「お母さんをお手伝いしたら、『助かったよ。有難う』と言ってくれた」のように欲求が満たされる時に、自分も力をもらうという相互性の関係の体験のように思う。そこから助けたい人の範囲が広がり、利他の思いが形作られるのではないか、と思われる。私の仮説である。しかし、上述したように欲求を満たそうとすると、「利他」から思いが外れて、相手を傷つけることもある。利他の欲求と自分個人のための欲求（有能感を求める欲求、知的欲求など）がぶつかるのは、ある意味では当然とはいえ、まだ考えがまとまらない。そういう問題意識を持ちながら私が今やっているのは、以下に述べるように両者のすり合わせをする、すなわち、ＰＣＴをやりたいという思いがあることと、ＰＣＴがお役に立てるかもしれないことを伝えるのである。インフォームド・コンセントの際に伝えることが多い。「ご自分で答を出すのを私も頷いて話を聴きながら共に考える、というカウンセリングをしたい、というのは私がそうしたいと思っている面もあるし、○○さんの相談内容から考えても、その方がいいだろうという私なりの判断ではあるんですけど、それがあなた（クライエント）にとって本当に合うかどうかはあなたにしか分からないので、やっていて違和感とか、嫌だなとか、効果あるのかなとか思ったら、言いにくいかもしれませんが、正直に感じたことを言ってほしいんです。あるいは、今でも何かこのやり方は合わなさそうだ、と感じるなら、こんな風にしてほしいとか、カウンセラーを代わってほしいとか言ってくださいね。やはり、私がどんな風にやりたいかではなくて、〇〇さんが『いい』と思えるように解決していくのが大事だし、そうしたいと思っているので」などと伝えたりする。この中には特に私が個人として発言している部分がある。それは「言いにくいかもしれませんが、正直に感じたことを言ってほしいんです」という部分である。目の前のクライエントは、セラピストという社会的な立場の私と出会っているが、私個人はその立場の壁の向こうで個人として出会いたいという欲求があるし、個人として出会うのがいい、というのはＰＣＴの考えでもある。その考えのうえで、クライエントが選択する余地を提供するのである。

今の私にとっては応答をクライエント理解を確かめること（reflectionという形で）だけにとどめ、助言などを抑制するのはごく当たり前のことになっている。しかし、ＰＣＴだからそれをしているのではなく、私個人の利他の欲求として自然に表出されるようでありたいと思っている。私には自分の利他の欲求が、クライエントに負担になったりクライエントの求めるセラピーと違うことにならないようにという思いがあるので、常に共感的モニタリングを続け、クライエントにわずかでもその兆候が見られたらそれを話題にできるようにしている。

つまり、私は初回面接時点では利他の思いは一〇〇％になっていない。私個人の利他の欲求の方が大きい。インフォームド・コンセントではそれを伝える。私個人の利他の欲求から始めるしか、このセラピーは始まらないと思うからである。しかし個人の欲求なので、クライエントにはそれを断っていいという機会を与え、そのうえでクライエントが本当にそれでいいと感じているかを感じ取るために、共感的モニタリングは続けるというやり方である。それでも完全ではないと思うので、迷い続けるということも大事だと思っている。

以上が私の利他の欲求に関する問題意識であり、それへの対応である。これでいいのだろうかという迷いは今もあるが、こういう風に迷っている間はクライエントに対する利他の思いから道を大きく外れることはないだろう、と思っている。

コラム

自立・自律・孤独と関係性（その2）

ロジャーズの「人は自分自身を変える大きな力を持っている」という考え方について私には妄想がある。この考え方は私には「自分の人生は他人に頼らず、自分で切り開かないといけない」というようにも聞こえる。これは力強くもあるが、私にはどこか哀しさも感じさせる。リーター先生（第六章コラム）と話して以来、ロジャーズはどうやってこの考えに至ったのか？　と考えるようになった。ところで、今世紀に入ってイスラム原理主義の人々が行う自爆テロのニュースを聴いて、命がけの信仰があることを知った。私はロジャーズがキリスト教原理主義の家族に育ったことをある先生から教わった時、「あっ」と思った。彼は結局、その教義から離れるのだが、信仰から離れるのも命がけということがあるのではないかと思った。いろいろと文献を見ると、命がけ、という程ではないようだが、勇敢さを必要としただろう。

ところで、ある宗教の信者の親を持つ人のドキュメンタリー番組を見た。その人は宗教にのめりこむ親に連れられ、自らも信者となり、人生の選択を極端に制限され教団に奉仕するだけの生活を送る。主人公は「楽しい」とか「したい」という感情が分からず、教団や母親の判断でしか動けなくなっていた。しかし、あることをきっかけに教団から破門され、親からも関係を断たれ、精神的に追い込まれる。自殺を企てたり、身体の危機に陥ったりするが、そこから立ち直る、という実話である。大変な苦痛を抱えていたその人は自分の中に微かにうごめく感覚を辛うじて信じるしか道はなかったが、そこに瀕死の大逆境からの回復を導く豊かなリソースがあった。

これを見て、原理主義の家族に育ち、離脱した経験を持つロジャーズが「人は自分自身を変える大きな力を持っている」という人間の潜在力を信じるようになったことがよく分かる気がした。また、この潜在力についての考え方は他学派から「楽観的」などと嘲笑されるが、そんな単純に楽観的なものではなく、「自分自身を変える」ことには身近な人との大きな別離が伴うことがあるとロジャーズは感じていたのではないかと思う。私がこの考え方に寂しさを感じるのはそこである。「価値の条件」という概念を思いついた時もロジャーズの頭の中には自分の生い立ちが思い出されていただろうと思う。「無条件の受容」という概念も臨床経験から生まれているだろうが、そこにはロジャーズ自身の経験も含まれているだろうと思う。

以上、私の妄想である。

第九章　共感的理解

1　クライエントにとって共感的に理解されることの意味

クライエントはなぜ来談し、中核条件は何をするのか？

第八章までを整理しておこう。クライエントは問題に対して「何とかできそう」、「何とかなりそう」という感覚、すなわち事態への統制感・把握感 sense of grip が持てなくなると来談する。問題と感じられる事態への対応を見出そうとして、その事態やその事態における自分自身を把握 sense of grip するために、自分の中に同時並行的に起こっている「感じ／考え」に気づこうとする。それは、自分自身の「感じ／考え」に気づいて自分自身になろうとする自己一致の動きである。事態や自分を把握しておきたいという思いを人は内在させており、それの現れが気づき性向（第六章）である。

気づき性向を高める人間関係

気づき性向を高めるのは感覚の面から言うと、自分が感じていることと近い辺りを感じてくれる（共感的理解）人がいる場合であり、人間関係の面から言うと、関係が近く、受け入れ支えてくれる（無条件の受容）人がいる場合である。日常生活を考えると分かるが、その人が自分と体験を共有していると特にそうなりやすい。例えば、ある二人が予想もしなかった恐ろしい事態に遭遇したら同様の不安を感じた者同士として「今のは何？」と共に探ろうとして、それが何かを把握 sense of grip しようとする経過が自然に起こる。この例のように、実際に物理的に同じ場所で何かを共有している時は特にそうなりやすいが、同じような経験をしている人だと話の中で分かるだけでも共有感が生まれ、「それを自分はどう『感じ／考え』たか」を互いに話し合い、それぞれが気づきを高めようとする動きが起こる。セラピーは後者の、言葉で伝え合う関係なので、セラピストがクライエントと同じ状況に身を置く気持ちになって共感的に理解しようとすると、体験を共有しているというイメージをクライエントが持てるような対話になる。そうなることでクライエントは自分の「感じ／考え」に耳を傾けようという気づき性向が高まる。

気づき性向を高める中核条件と自他未分化な関係の体験

中核条件はクライエントの気づき性向がより高まりやすくなるためのセラピスト側の内的条件である。そのうち特に共感的理解のための努力はクライエントの「感じ／考え」をセラピストが共有しようとするものであり、クライエントが自分の「感じ／考え」を把握しようとする動きにストレートに沿った努力である。その際、クライエントにとって自己一致の程度を高めて他者性 otherness を体現しているセラピストが、自分を共感的に理解しようとしている、ということの意味が特に大きい。クライエントにとっては異なる他者から受容される体験だからである。換言するとクライエントがセラピストにどの程度受容されたと感じるかは、セラピストの自己一致と共感的理解の程度による、ということである。

共感的理解はクライエントの体験世界に入り込んで感じようとすることであるが、実際にはセラピストが「クライエントはこんな風に感じているのだろう」という推測を自分の感覚をもとに行っているのであり、その意味では自己一致と同一線上の体験である。私が初めてこの当たり前のことに気づいたのは五感トレーニングをやっている時であった。例えば植物の葉を触っていると、そこで感じられているのは自分の指の感じなのか、葉なのか分からないという自他未分化な曖昧な感覚になったり、時に知覚が少々異常を起こしたり、ということが以前はちょくちょくあった。その自他未分化な感覚は少し怖しかったが、次第にその対象の範囲を離婚融合も意識しつつ、広げていった。人やクライエントにまで範囲を広げて自他未分化と思える体験をするようになった時、私は自分の共感が今まで経験したことのない濃い地平に出たのを感じた。それによって人の存在や言葉に動かされやすくなり、疲れやすくもなったが、人と関係を生きる感覚を初めて知った気がする。

一つの言葉にも多くの体験世界がある

共感とは言葉というデジタルな表出を聴くことを通して、クライエントのアナログの生の体験を感受しようとすることである。一つの言葉でもそれが表す体験世界にはさまざまあることをセラピストは知っている必要がある。例えば、クライエントが「どうしたらいいか分からない」と言ったとしよう。「分からない」という言葉が表し得る体験として「ごちゃごちゃして分からない」とか「ぼんやりとは分かるけどくっきりとは分からない」、「さっぱり分からない」など、少し考えるだけでもいろいろある。さらには「ごちゃごちゃして分からない」であっても、それも細かい体験のレベルではたくさんあり得る。セラピストはクライエントのその「分からない」という言葉が表そうとしている体験を共感的に感受しようとする。

セラピストのあり方が変わる

こうしてクライエントの体験世界を共感的に感受することでまず変わるのは、クライエントではなくセラピストである。セラピストが目の前のクライエントの異質の体験世界にオープンになるように変化するのである。これはクライエントを変化させようとする他学派とシャープな対照を示している。自分が変化していくことの重要性を知っているセラピストは、変化しつつある自分に気づいてもそれにブレーキをかけずに、そのままにしておくことができる。それはセラピストにとって怖い経験であることもある。なぜなら、それはセラピストにとって新しい体験領域であるからである。例えば異性愛のセラピストが同性愛のクライエントと会っていて、同性愛についての話を傾聴していると、自分自身の中に同性愛の感覚が分かるように変わってくるのが恐ろしい経験であったりする。自己概念が揺さぶられるのである。また、自分が変化したとは気づかぬ間に変化していることもある。いずれにしろ、クライエントからすると、自分の話を聴いた他人が自分の感じ方に近づく形で変化するのである。これは、幼い子にとっての、自分の欲求に合わせて保護者が寄り添ってくれる体験に相当する。子どもは自分の欲求や不満を保護者に伝えてもよいと知ることを通して、自分の感じることを信じられるようになる。クライエントも自分の話によって他者性を持っていたセラピストが変化することを知って、自分の中にある「感じ／考え」を確かなものと感じられるようになる。

2　何を共感的に理解するのか

クライエントの巨大な体験世界

クライエントの体験世界は診断名のような言葉では到底描写しきれない巨大なものである。診断名やアセスメント情報で分かったような気になると、クライエントの体験世界を直に感じることを妨げる。ＰＣＴが診断やアセスメントに慎重な理由の一つはそこにある。普段からクライエントの体験世界を感じようとすることが習慣化すると、事例を検討したり、ほかの担当者から引き継いだりする際の情報に診断名が使われていても、診断名の背後にあるそのクライエントの体験世界を考えるようになる。例えば「ADHD」と診断名がついているクライエントでも、それを克服しようとする人もいるし、診断されて重荷に感じる人もいる。その重荷感もさまざまある。同じ診断名でも一人一人の体験世界は異なる。ＰＣＴの観点からするとその体験世界の方が重要である。それを感受しようとするのが共感的理解の努力である。さらに加えて、私は事例検討の場などに参加すると、そこに記載された診断名やアセスメント情報からその担当セラピストがそのクライエントとどのようなあり様で出会っていたのかとか、なぜそのようにアセスメントしたのかなど、セラピストに動いていた体験を共感モードで考えるのが癖になった。つまり、そのセラピストはクライエントをどう見たのでそのようにアセスメントしたのか、クライエントとの関係はどんなものだったのか、など、そのセラピストの体験世界を考えるようになった。

ところでクライエントがセラピストに語る問題はデジタルな情報であり、そのため第五章で述べたようにクライエントは語ることで体験の整理がつきやすく、把握感 sense of grip を持ちやすくなるのであるが、語られた情報自体はその体験世界からは程遠い。セラピストの方は語られたデジタル情報からクライエントの体験世界をできるだけ生に近い形でアナログの情報に変換して感じようとする。

では、共感の対象にはどのようなものがあるだろうか？　ロジャーズの必要十分条件によると「内的照合枠」となっているが、この概念が今一つ分かりにくいという人もいるだろう。そこで共感の対象を具体的に考えてみるために以下、いくつかの側面に分けてみる。

問題場面での体験への共感

これは、クライエントが語る問題の場面でどう感じているかを感じようとすることである。セラピストも同様の問題を体験したことがあると、同じではなくてもクライエントの問題場面の体験に近づきやすいことが多い。しかし逆にクライエントの話が理解しにくいことがある。それは自分が体験した場面が同様であるために、クライエントの問題との違いに気づきにくいためである。まずいのは、自分が同様の体験をしたことがあるために「理解できた」と思っているが、実際には理解が間違っている場合である。クライエントとセラピストの体験は同様であっても決して同じになることはないので、仮にクライエントの体験が理解しやすく感じられても、あるいは理解がそう大きく外れてないにしろ、クライエントの体験は自分とは同じではない、ということを忘れてはいけない。「自分は理解できていない」、「決して一〇〇％理解できることはない」と思いながらその場面に入り込むつもりで聴くのが重要である。

ちなみに、対話においてはクライエントと同様の体験がある場合もない場合も、それを活かすことはできる。同様の体験がある場合は「自分は○○さんと同じような組織に勤めていたことが少しあるので、○○さんのおっしゃっている感じが少し分かるような気がします。でも、○○さんとは経験も職種も違うので、理解が間違っていたら教えてください。できるだけ○○さんが体験している通りに話を聴きたいので」などと言うのである。同様の体験をしたことがない場合は「自分は○○さんのような体験はしたことがないので、大変だろう、ということは頭では分かるんですけど、感覚的には分からないので、教えてください」などと言うのである。特に後者は、決して人と人は分かり合えないことを前提にしており、クライエントだけがその体験世界に関する専門家と伝えていることにもなるので、ＰＣＴの考え方に合う。

クライエントの話が理解しにくかったり、自分の理解が間違っていると気づいたりした場合などに、その問題の場面をクライエントに教えてもらってイメージを再構成すると理解が進むことは少なくない。しかし、ある特定の場面でなく生活全般にわたってスッキリしない気分が続いているというように、イメージしにくい場合も少なくないので、あくまでもどう感じているかを感受しようとすることが主たる作業であり、視覚イメージ作りにあまり拘らない方がよい。

問題をどう捉えているかという体験への共感

むしろ、クライエントは問題をどう語るかを感受することの方が重要である。例えば、問題をセラピストに細かく話そうとしたり、何度も繰り返しているならば、話すことで問題を整理し、把握感 sense of grip を持とうとしているのかもしれない。また「まあ、それはいいんですけど」と言ってそれ以上話そうとしなければ、それがセラピストには大きな問題に見えてもクライエントは何とか抱えられる問題かもしれず、「まあ、～」と曖昧に言って問題に直面しないことはクライエントの力かもしれない。それ以外にも語彙の選択や文尾の表現、接続詞その他の小さな言葉遣いなど、クライエントの問題の語り方に注意を向けると、同じような問題でも問題を語るという体験の中に豊かな体験世界があることが感じられてくる。そう考えると、問題をどう語るかには問題に対する把握感 sense of grip の程度や解決に取り組む意欲が反映されている。

また、クライエントが「～かなあ」などと自問している場合がある。自問が起きること自体が一人で問題に取り組む意欲が現れかかっているので重要であるが、クライエントがその自問に続いて沈黙して考え続けるかどうかには、その自問から始まる内省を受容する風土をセラピストが与えているかどうかも関わっている。ＰＣＴはそれをアセスメントするのではない。クライエントが少しでも受容されていると感じられるようにセラピストのあり方を探り変えていくのである。

クライエントが問題をどう捉えているかの体験への共感を高めるには、セラピストが普段から自分を含めて人が問題をどのように抱えたり、解決しようとしたりしているかを内省しておくと良い。その意味ではセラピストは自分個人のことでしっかり悩んだ体験が貴重な財産になる。単純に言えば、苦労の少ないセラピストや若いセラピスト、あるいは自己愛が強いセラピストにはクライエントの苦労は分かりにくい、ということである。それでも自分には人生の苦労が少ないことや若くて人生経験が少ないことがセラピストとしての問題であると悩める人は、上述したようにそれを応答に活かすことができる。強みにさえなり得る。

セラピストに対する「感じ／考え」への共感

第四章で書いたようにクライエントにとって、特に初期においてはセラピーそのものやセラピストその人が把握しにくい。そのためセラピストはインフォームド・コンセントでそれを伝え、クライエントにとって少しでも把握感 sense of grip を持てるようにする。セラピーの初期を過ぎると今度は、クライエントが「セラピーに来なくてよくなるのはいつだろう？」、「このセラピーはうまく進んでいるのか？」、「セラピストはあと、どのくらいかかると考えているだろう？」などの思いを抱えても当然である。このようなことはクライエントが口に出さないことも多い。そこでセラピストは「こんな感じで進んでいますが、○○さんはどうお感じですか？」などと尋ねてクライエントからフィードバックをもらい、今後もこのように進めるかどうかを合意するのが信頼関係の上でも倫理的にも望ましいし、問題解決に取り組むクライエントの主体性も損なわれにくい。

しかし、インフォームド・コンセントやフィードバックのやり取りだけでなく、セラピストはクライエントが自分に何を期待しているのか、不安を感じているか、どのように見ているか、などを言語・非言語のあらゆる表出から感受しようとする必要がある。例えば、同じ意見を話すにしても「先生（セラピスト）はこんな風には思わないかもしれませんけど」と思いながら話すのと「先生（セラピスト）も当然そう思っている」と思いながら話すのとでは、セラピストという対象の体験の仕方が異なる。また reflection の場合、セラピストが語尾で「～なんですね」と言うのをセラピストは理解を伝えただけのつもりでも、クライエントによってはその文末の「ね」を、同意を求められているように感じて反論しにくく感じることもある。また、クライエントの中には「話すつもりがなかったことをセラピストから reflection されて思わず話してしまった」という人がいるらしい。これは、reflection に乗せられてしまい、自分のペースが速まってしまっているのである。セラピストは reflection によって体験過程が促進されて効率的なレスポンスができたと思っていても、クライエントにとってはそのテンポが速すぎたのである。

つまり、セラピストである自分にクライエントがどういう「感じ／考え」をもっているか、自分はクライエントにどう見えているか、を感じ取ろうとすることも重要である。セラピストとの関係性が心理療法の最も大きな効果要因であることに留意しておきたい。

3　共感的理解の内的努力 doing

クライエントの体験世界は巨大であり、そこにアクセスする方法にはさまざまなものがあって当然である。以下、セッションにおける共感的理解の内的努力 doing として私が普段やっていることを紹介するが、これが唯一の doing だというつもりはない。こんなことをせずに鋭く共感できる人もいるだろうし、ほかの方法が合う人もいるだろう。あくまでも私なりのやり方である。

身体―感情レベルでの感受

まず、クライエントの体験世界を共感的に感受するとは身体・感情レベル bodily-affective レベル（Nakata, 2014）で感じようとすることである。やや粗い言い方をするなら「クライエントが苦しいのはこんな感じ／考え」という、その「感じ／考え」を感じようとすることである。その「感じ／考え」の感受には身体あるいは身体感覚で感じようと努めるほうがよい。というのは、感情は身体とつながっているからである。

具体的にはクライエントがフェルトセンスを感じている時はセラピストも当然、そのフェルトセンスを感じようとするし、クライエントが感じているものがフェルトセンスでなくても、それを感じようとするとセラピスト側ではフェルトセンスレベルになっていることが多い、というのが私の印象である。付録に書いている「離婚融合」も有効である。これはクライエントの身体に入り込んで（入り込んだつもりになって）クライエントの体験世界で起こっていることを推測的に感じようとすることである。目の前のクライエントに離婚融合することで、クライエントが今どんな体験世界にいるのか、その感覚に近づける感じがすることが少なくない。また、離婚融合でなくても身体で感じようとするだけでも感じが分かることがある。例えばクライエントが「包丁で指を切ってしまいました」と言うのを聴くと、それだけで指先が「痛い」という身体感覚が起こる人がいるだろう。身体の痛みは比較的分かりやすいが、身体の痛みでなくてもクライエントの体験世界を身体感覚と結びつけて感じようとすると、クライエントの体験世界を認知的に理解しているのではなく、生の体験として理解している感覚が摑める気分になる。

また、いくつかの主訴を身体感覚で統合的に感じようとすることも重要な努力である。例えば、「抑うつ感、不眠、食欲不振、偏頭痛」などと主訴が四項目書かれていても、これらはクライエントの身体感覚ではつながっていることが多い。これを実感するための普段からの訓練としては、心身の不調の際も、（そんなゆとりはないかもしれないが）貴重な訓練の機会と考えて自分の調子をモニターしておくことである。

言語を介さない感受

共感的に感受するものは言葉で表現できなくてよい。というよりも、共感はデジタルからアナログの生の体験に戻して感受しようとすることであり、言葉で表現できる程度では感じていることにはならない場合がほとんどである。例えば、違う銘柄のミネラルウォーターを飲んだ時の身体の反応の違いを、（言葉では表現できないだろうが）身体感覚として確かに捉えられる程度に感じるのである。もちろんクライエントに伝えたり、ケース検討などの場では言葉で表現するが、共感の芯の部分は言葉での理解ではない。ましてや専門用語による理解ではない。専門用語は共感的感受を妨げやすい。せめて干渉しない程度にはクリアリング・スペースによって、意識の脇に瞬時に置く訓練が必要である。

例えば「あの人は発達障碍で、落ち着きがなくて……」のように考えたり語ったりすることは、クライエントを分類描写するための語彙を探すだけの作業になっている可能性があり、それはクライエントの体験世界の中に入って感受しようとするのとは全く異なる作業である。この場合、共感的に感受する努力とは、外側からは落ち着きがないように見えるクライエントの中でどういう「感じ／考え」が動いているかを、感受しようとすることである。例えるなら、共感的な感受とはある曲を聴いて「○○が歌う△△という曲」などと概念化するのではなく、歌手も曲名も知らず、流れてくるその音世界をそのまま聴くことである。両者のデータ量には桁違いの違いがある。いったん、言葉あるいは専門用語で概念化すると、その後クライエントから入る情報はその概念の周辺に集まってクラスターを作ってしまうので、生の体験へのアクセスを妨げやすい。しかし、やってみると言葉や専門用語を頭に浮かべないよう努めてもその音世界をそのまま聴くことがいかに難しいかが分かるだろう。五感トレーニング（付録に後述）を繰り返すことをお勧めする理由である。

重要なのは専門用語や言葉を当てはめて理解しようとしたり、理解した気にならないようにして、言葉にならないその「感じ」を感じようとすることである。また、行動や二分法で理解しようとしないことである。例えば「仕事ができた／できなかった」と分類してしまうと、「あと少しでできそうだったのにできなかった」、「できなかったけど、やれそうという実感はあった」などのデータが飛んでしまう。二分法はデジタルな発想であり、どうしても二分法になりそうな時は少なくともグラデーションに変換するくらいのことをしてクライエントの話を聴くのがよい。

さらに言うと自分が学び、自分を支えていたさまざまな理論や知識であってもクライエントを感じることを邪魔することがある。既存の知識の膜がかかってクライエントの生の体験に迫るのを妨げられるのである。そのクライエントと以前のやり取りで体験したことでさえ、今、目の前にいるクライエントの体験世界を感じるのを妨げていると思うことがある。

ただし、言葉を介さない共感への親和性というか耐性の程度は人によってかなり違うらしく、私はたまたま言葉を介さない共感に豊かさを感じるタイプだったので平気であるが、人によっては言葉を介さないと理解したという把握感 sense of grip が持てず苦しいらしい。逆に言葉にするのが苦手という人もいる。社会的には言語化ができる人が、概して優秀だと見られる風潮があるが、ＰＣＴは違う。アナログな内的体験とデジタルな言葉の距離感は人さまざまであり、共感と言葉の距離感も人さまざまである。そのことを知って自分とタイプの違うクライエントやセラピストに対しても受容のまなざしが起こるよう自分を整えることが必要である。

非言語の表出の感受

クライエントの中には、感じていても気づいていない「感じ／考え」があるし、気づいていても言葉にしないものもある。言葉にしていてもその言語化をピッタリだとは感じていないこともある。そのため言語で表出されたものだけでなく、表情や声のトーン、生き生きの度合いなどの非言語レベルでクライエントの体験世界やその変化を感じ取ろうとすることが重要である。非言語の表出の中でも分かりやすいのは表情である。緊張した表情／暗い表情のような情緒面の表情だけでなく、体験過程の具合を示す表情や脳があまり働かないことにクライエント自身気づいていないような表情など、さまざまあり得る。その微妙な表情を感受するのである。

私自身は、非言語の表出を感じないことにはクライエントの話を半分程度にしか聴けていない感じがするくらい非言語の表出に注意が向くのが普通のことになっている。ただし、言語表出と非言語表出の二つに同時に注意を向け続けられているわけではない。初めは言語⇕非言語表出への感受を瞬時に行き来していたが、あまりにも頭が忙しく、続けるのが難しかった。クライエントに離婚融合することを覚えてからは、その二つの表出の間を行き来しているという忙しさはなくなった。

言語による表出の感受

クライエントの語りに対してはわずかな言葉遣いの違いに瞬時に反応できる程度の感じ取りが必要である。例えば、「今度失敗したら死にたいです」と「今度失敗したら死のうと思います」は全く「感じ／考え」が違うことを瞬時に感じ取れる感受性で聴く必要がある。どちらも同じ〝希死念慮〟と一言で括るようではＰＣＴではない。このような専門用語を専門家間の共通理解などの目的で用いることには反対はしないが、共感的理解の点からは〝希死念慮〟は情報としての価値はわずかしかない。「瞬時に」反応できることが必要なのは、クライエントは話し続けるし、セラピストはいつでも応答できなければならないからである。

またクライエントの語る内容の文脈も感じ取るうえで重要である。文脈は家族環境や生育歴・病歴なども含まれるが、それを感じ取るとはそのような過去と現在の問題・症状との因果関係を考えるのではなく、そのような過去をどういう感じで生きてきたのかを感受しようとすることである。また、そのインテーク情報的な過去以外の文脈もある。例えば「同僚と一緒に食事を摂ったんです」と言っても、今まで一度もそれをしたことがない場合と、以前は何度かしたことがあったが長いことしていなかった場合とではそこに含まれるクライエントの感じは異なるだろう。このように文脈と現在とをつないで、クライエントがそれをどのように感じて生きているかを感受する。

クライエントの言語による表出をセラピストが感受できているかどうかは、セラピストの応答に現れる。例えば、クライエントが「あの人のことは、もう信用すまいと思うことにしました」と言ったのに対して、セラピストが「あの人のことは、もう信用すまいと思うようになったんですね」と応えると、クライエントの意味を取り違えている。前者はクライエントが決意を表しているのに、後者はクライエントの思考が変化したとセラピストが受け取っていることを表している。つまり、セラピストはクライエントの決意をキャッチしていない。文尾の点からも、「思うことにしました」（前者）の方が「思うようになった」（後者）よりも、強い意志の語感を伴っている。また、前者は蠢いているいろいろな気持ちの中から一つを選んでいるかもしれない可能性も示唆しているので、その言葉遣いにはクライエントが自分のほかの気持ちを切り捨て、それ一つを選び取って統制感 sense of grip を持とうとする語である可能性も感じられる。言葉上はわずかな違いであるが、意味的にはけっこう大きな取り損ないになっている。統制・把握感 sense of grip の決意をセラピストにキャッチしてもらえないと、クライエントがその決意を控えてしまうこともある。

しかし、言語的／非言語的を問わずクライエントの表出をセラピストが感受できないことはある。セラピストは感じ取りの精度を上げる努力が必要な一方で、感受できなかった場合に対応できるように「自分は感受できていない」と自覚していることが重要である。

成長力の感受

共感的にクライエントを感受しようとする際、特に把握感 sense of grip を求める動きやフォーカシングが自発する動きなど成長力を感受することを強調しておきたい。しかし、成長力だけに目を向けようとするのは視野狭窄である。これらの動きだけに注目して待つということではなく、この動きが出てきた時には見逃さずに応答してほしい、ということであり、あらゆる表出を感受しようとすることが必要なのは当然である。とは言っても、テキスト上では応答にそれほど大きな違いが出るわけではない。しかし私の経験では、わずかな言葉の違いであってもクライエントには「このセラピストには通じた」とか「話を聴いてもらっただけなのに、そうそうその通り！って思えた」などと感じるようである。把握感プラセボ（第五章）のないPCTであるが、こういう時にクライエントは「このセラピー、このセラピストで良かった、初めて自分を確かに把握できた」と感じられるらしい。

ここで、把握感 sense of grip の観点から reflection を考えてみよう。例えばクライエントが「なんで、あんなこと言ってしまったんだろう」と言ったとする。その場合、「なぜだろう」と自問する表情が微かに感受されると、クライエントには「自分があんなことを言ってしまったのはなぜか、把握したい」思いが多少なりともありそうに見える。そこで、reflection としては同じ言葉を繰り返すこともあるが、「なんで」を「なぜ」という語に替えて「なぜ、あんなこと言ってしまったか、自分の気持ちが摑めない……と？（いうことですか?）……」のように微かに言い換えることはあり得る。こうしてクライエントの把握感 sense of grip を得ようとする動きを支えようとするのである。もちろん、感じ取りを間違う可能性は常にあることを知っているので、言い換えをした後もクライエントへの共感的モニタリングは続ける。

いくつかの可能性を考える

クライエントの体験世界を感受しようとしていても、「これだ」と確信できないことは多い。また、安易に確信してしまうとクライエントを間違って理解しても気づきにくい。したがって、クライエントの体験の仕方の可能性を常に三つか四つは瞬時に考えるのが良い。例えば「物が溢れて部屋に圧倒されて片付けられない」というクライエントの体験世界は『圧倒されて』恐怖を覚えるのか、めまいや頭痛がするのか、寝込むのかなど無限に可能性がある。これは普段からの訓練で人が持つ可能性のあるさまざまな「感じ／考え」を想起しておかなければ瞬時には出てこない。神田橋先生は「少なくとも五つは出てくるようになりなさい」とおっしゃったが、悲しいかな能力の違いはいかんともし難く、努力したが五つは浮かぶようにならなかった。「三つか四つは」と書いたのはそのためであるが、五つを目指せる人は目指すとよい。

分かっていないことを認める

すでに述べたように共感的理解も自己一致も「十分達成できていないのではないか」と思えている方がよい。そのほうが理解が起こりやすいからである。そのためにはクライエントの話を聞きながら「ここは分かってない」とか「ここは分からないまま話を聞き続けているので、ついて行けなくなるかもしれない」、「あれ、このクライエントの表情に何かこちらの気分が揺さぶられる」のように、自分についての気づきをその瞬間瞬間に付箋で貼っていくようにしていく方法が私には合っている。要するに共感的に理解できないことに自己一致して気づき、それを瞬時にクリアリング・スペースするのである。

それに関連する応答について述べておこう。分からない時はクライエントに「ここまでは分かるが、ここが分からない」、「それは読んだことはあるけど、実際の経験がないので実感としては分からない」などと伝え、「だから教えてほしい」、「いろいろと質問させてもらうことが出てくると思う」などと言うほうがよい。また、理解が間違っていたことに気づいた時には「今までは○○と思っていたけど、今のお話を聞いて、それは間違いだったと気がつきました。□□だったんですね。なるほど、そう考えると、前回、△△とおっしゃっていたことの意味が、分かる気がします」などと、自分の内側で起こっている理解の変化のプロセスを示すのである。クライエントにしてみると、このセラピストは自分をしっかり共感的に理解しようとしている、ということが伝わるらしく、よりセラピストに分かるように自分の体験世界にある「感じ／考え」に気づき、言葉にしようとする。

セッション後のクライエントに思いをやる

これは上述の「セラピストに対する『感じ／考え』への共感」の補足である。面接前後にクライエントはセラピーに対するいろいろな思いを持つ。例えば、面接の数日前から「今度は、あの話をしよう」、「次の面接で職場復帰の見通しがつくといいけど」などと期待や不安を抱えて来談するし、面接後には例えば、「今日は払った料金に見合うセッションだったか」とか、「次回まで自分の精神はもつだろうか」などと考えたりする。また、「今日は体調が良くなかったんですけど、カウンセリングには行っておこうと思って頑張って来ました」などとクライエントが言うことがある。

セラピストにとってはそのクライエントとのセラピーは数あるセラピーの一つであっても、クライエントにとってはそれだけが自分のことを話せる唯一の時間であることも少なくない。これは私が自戒の思いで書いているのだが、クライエントにとってのセラピーという機会の貴重さ加減をセラピストは共感的に理解する必要がある。そうすると、セラピストは「セッション後、クライエントはどんな気分で帰るだろうか？　今日のセラピーは、来談した意味があった、と思えるか」、「もし自分がクライエントだったら、私がやっているこのセラピーにこれだけの時間と金額を払う気になるだろうか？」などという問いが自然に湧くはずである。そのような自問もクライエントの立場に身を置いて感じようとすることであり、共感的感受の精度を上げる。

情報を抱え続ける

ここまで述べたように共感的理解の内的努力を続けると当然、得られる情報量は膨らむ。これら以外にも自分の問題意識や人間観、研修会や書籍その他で得た新たな知識も入ってくる。情報は莫大に膨らむ一方である。言葉や専門知識を介さずに感受すると上述したが、そうしようとするとまとまらなくなる。まとまらないままの状態の中にさらに情報が入り続けるのが現実である。私は頭がパンパンに膨れ上がっていたり、まとまらなくてある意味でぼおっとなっているのを感じることがある。しかしそれが重要らしい、ということが分かってきた。

医療モデルの心理療法と反対に、ＰＣＴとはセラピストが情報を抱え続けるセラピーである。一人の人と真正面から向き合い理解しようとするのだから、情報を抱え続けるには我慢・忍耐がいるのは当然である。しかし、そのうちにいつの間にか自分自身が変化していて、少し前までは気になっていたクライエントの面を当然のことのように受容していたり、クライエントの同じ経験談でも以前は情緒が動かなかったのに、涙が出そうになっていたりする。クライエントから一つの大きな人生を教えてもらったとか、生き方のヒントを教えてもらったとか、自信をもらったとか感じることもある。要するに私の方が変化している。

それをどう表現するのがいいか分からないが、たくさんの情報がひしめき合う中で、ある種の化学反応とでも言うべき反応が身体感情レベルで起きているらしい、というイメージが私にはある。しかし、その〝化学反応〟がどう起こっているかを説明できるほどには今の私には感じ取れない。ある事例では、「自分とクライエントの間で大事なことが湧き上がっている」という感じが切れ目なく続いていた。しかし不思議なことに、何が湧き上がっているかは分からないまま、クライエントについての（認知的）理解はほとんど進んでいなかった。事例終結後にカルテを見ると同じ話を繰り返ししていたのである。しかし、当時はそれを不思議とも何も思わず、「理解が進んでいない」ということにさえ気づいていなかった。

私の方が変化するようになってきたのは共感の努力の経験だけでなく、その他さまざまな要因があるのだが、一つには第八章で述べた「人生には何でもある」という考え方と共に、人のいろいろな生き方を許容する考え方が自分に合うようになってきたことがある。

とはいえ、溢れかえる情報をただ何もせずに抱え続けられるといいのだが、セッションの外側から入る情報、例えば診断名とか薬品名など医療系の情報や、研修会や学会などで学ぶ情報は私の感じ取りを妨げる。時にはセッション前にそのクライエントの記録を読んだりすることでさえ、そのクライエントの話を生で感受するのを妨げる。感覚的な表現だが、私の受容器に膜が被さり、クライエントの声や生の「感じ／考え」が、入ってこない感じである。その分、頭で処理している感じが強くなる。したがって、そういう妨害的情報がセッション中に頭に浮かばないように瞬間的にクリアリング・スペースをして脇に置く、というのが私の流儀である。しかし、その感受の妨害が起こっていることがセッション中にいつも感じられるわけではない。終わった後で帰宅中などに気づいて反省する、というのが私の現在の状態である。この点は、まだ私は自分を整える訓練が必要であるが、どう訓練していいか分からず、それを模索し始めて数年以上が経っている。またセッション前にこれまでのカルテ記録をどの程度読むのが私にとっていいのか、どの程度の記録を書くのがいいのか、もまだ分からず相変わらず探っている。今の私は、ほぼどのクライエントでも少なくとも二週間に一度程度の頻度で来談してもらうのであれば前回の記録を読まない方が共感的感受を妨げないようだ、ということは分かりつつある段階である。

4　共感的理解のための内的努力を阻むもの

共感的理解と自己一致

共感的理解はプロセスである。クライエントのことが「そうか！」と理解できる瞬間が訪れる時があっても、共感的理解の努力を続けると今度は新たに「分かっていなかった面」が見えてくる。そして、そこから理解に向けての動きが起こる、というプロセスである。言い換えると、理解が生まれ、その理解が壊れ、また新たな理解が生まれる、というサイクルが起こるのが共感的理解と言えるだろう。また、自己一致は「自己不一致であることに気づく」という形で始まった後に、後追い的に起こるものであり（第六章）、言い換えると自己不一致と自己一致の間を行き来するプロセスである。

「深い関係性 relational depth」が教えるのは、その行き来のプロセスは自然なものであり、そのプロセスをクライエントにそのまま示すことが重要、ということである。一見、簡単なようだが、メアンズはそのような自分に変わるためにエンカウンター・グループを何度も経験する必要があったと書いている。このように自分の内面のプロセスを見せられるようになるにはセッション外の訓練、それも自己成長を目指す体験的な訓練が必要である。

視野狭窄

共感的な感受を妨げるものに理論などの情報がある。一つの理論を信じると、その理論に視野が偏り、理論に合う情報だけをピックアップしたり、それに合わせて情報を色づけたりしてしまう。もし、特定の理論に強く関与していない人であっても、またいくら共感的理解の努力をしても、そこにセラピストの色眼鏡の色が付くのは避けられない。したがって、クライエントのことを「理解できた！」と思っても、その理解にはセラピスト個人の色がついている。理論にぴったりと当てはまると感じた時には、待っていたど真ん中にボールが来たのと同じく、ホームランのようなセラピーになるが、外れると逆に大きな空振りになってしまうというのが私の経験である。実現傾向をクライエントに見出したと思ったがセラピーがうまく進まなかった（第三章）時がそれである。私は自分が視野狭窄になっていると思い、実現傾向を考えることから一時は距離を置いた。そして、以前からやっていた五感トレーニングや離婚融合、フォーカシングなどの訓練だけに戻った。

ちなみに、傾聴の仕方について「心を無にしてクライエントの話に耳を傾ける」などという論述を目にすることがあるが、心を無にすることなどできない。百歩譲って一瞬でも心を無にできたとしても、クライエントの話をいったん聞き始めたら、多くの情報が入ってくる。無どころではない。「心を無にする」ことが可能というのであれば、無にするための具体的な方法を書かなければ実務には役立たない。

把握感 sense of grip の概念も視野狭窄を作り得る

五感トレーニングなどの基礎訓練をやっているうちにクライエントの内側に見えてきた動きが把握感 sense of grip を求める動きである。今、私にはそれが合っているが、それが私を多少なりとも視野狭窄にしていると認識しているので、その色眼鏡には常に注意している。それでも色付けは決してゼロにはならないと分かっているので、せめて共感的モニタリングを続け、悪影響を最小限にするようにと考えている。慎重の上にも慎重に、という姿勢である。私がするのは色眼鏡を捨てようとするのではなく（そんなことは不可能である）、「色眼鏡になってないか？」と自問し、脇に置こうとすることだ。すると色眼鏡の夢から覚めて、五感トレーニングをする時の体験モードに戻る感じが起こる。

視野狭窄を小さくする点で五感トレーニングなどの感受性訓練が有用なのは、多くの情報が入ることで、自分の中のさまざまな「感じ／考え」の中で色眼鏡による「感じ／考え」が占めるスペースが相対的に低くなる、ということである。こう書くと読者の中には「成長的な動き、特に把握感 sense of grip を求める動きを感受することが重要という主張と矛盾するのではないか？」と考える人もいるであろう。私の体験的な感触で言えば、クライエントと向き合っている時、私は把握感 sense of grip に拘らないようにしようと注意する必要がないくらい、拘っていない（と思う）。そして、クライエントの話の中に把握感 sense of grip の観点を刺激するものが見えた瞬間に、それが意識されるのである。例えるならば、踏むとこけそうになるデコボコがある道を走る時、普段はそれを意識せず走っているが、足で踏んだ感触に「あっ」と思った瞬間に、「気をつけよう」と走り方を瞬時に変えるような意識の仕方である。そのデコボコだけにずっと集中して走っていると、わきを通る自動車に注意が向かず危険なのと同じである。

5　セラピストの限界とクライエントの力

中核条件の完全な達成はあり得ない

ここまで共感的理解のための努力についていろいろと方法を書いてきたが、私は今でも完全な共感的理解に達したと思えない。もちろん、共感的理解はプロセスなので一〇〇%が持続することはないのは当然だが、共感の精度がすごく研ぎ澄まされた瞬間でも、視野狭窄は残っているだろうし、クライエントの巨大な体験世界を完全に理解するなどという地点からは程遠いだろう。ほかの中核条件も完全な達成からは程遠いだろう。それでもクライエントは「何とかできそう」、「何とかなりそう」という感覚を得てセラピーに頼らずに生きていくようになる。それを考えると、最も大きく効いているのはクライエント自身の力だろう、と思える。中核条件はそのクライエントの力が発揮されやすくなるための条件とはいえ、ほどほどでもいいのかもしれない。

視野狭窄についてはその対応の努力をしても残念ながら消せないだろう。ここからは全く素人の妄想であるが、人類が先史以前から何らかの表現をしてきたことは、環境からの情報に何とか自分なりの意味を見出さないことには、環境に対して対応できなかったからではないか、と思う。壁画や土器なども環境への解釈なのだろう。つまり、人間は環境という刺激をまっさらのまま情報として取り入れることなどはそもそも不可能なのだろうと思われる。自分なりの意味を見つける解釈の枠組みを持たないことには環境という事態に対応できないだろう。視野狭窄もその枠組みをつくるための認知活動であり、完全に消すなどということはあり得ないだろう。

完全には消えない視野狭窄をどうするか

では、どう考えるか？「減らすように努力しても残る視野狭窄ならば、残っても悔いが少ない、と思える理論や観点を選ぶ方が良い」というのが私の考えである。私の場合、その理論や観点がクライエントの持っている成長力である。つまり、私は「できる限りの対応をしても、人の成長を信じる考え方がどうしても残って、クライエントへの共感を妨げる色眼鏡になることは避けられないだろう。真実のクライエントを感じ取れないのはクライエントに申し訳ないが、クライエントの中に成長を見ようとすることは悪いことではない」と思っているのである。そして、クライエントへのそのような色眼鏡が無条件の受容を高めるのは私の場合だけではないことはスーパーバイジーなどを見ても思う。「親ばか」と言われる愛情も――全ての場合ではないにしろ――、それに近いかもしれない。

共感のない無条件の受容

つまり、あまり共感が高くなくても無条件の受容は起こる。第八章で紹介したおばあさんもそこを訪れる人たちとそんなに話はしていなかったと思うし、宗教家による癒しもその本人のことを共感的に理解などしていなくても、無条件の受容が起きている場合があるような気がする。そういう特殊な人でなくても、現代の世の中にもたまに、相手のことをそれほど理解していないのに、温かく相手を受容している（と思える）人を見ることがある。おそらく永遠に不可能であろうが、その人を理解できなくても無条件の受容が起きて、クライエントが無条件の受容を感じるのがＰＣＴのセラピストの理想だと私は思う。

しかし、通常は理解がなければ受容は起きない。だから理解が必要であり、理解のうちでも共感的な理解が起こっていることが必要である。また、クライエントにしてみると、セラピストから無条件に受容されていると感じるためには共感的に理解されることが必要である。とはいえ、中核条件が完全に達成されることはない。そう考えると、中核条件がある程度は達成されている必要はあるものの、大事なのはその精度を高めるための努力ではないか。その努力がクライエントに伝わっていることが鍵ではないか、と今は思っている。

コラム

村山先生の境地

私がまだ学部生の時、村山正治先生が授業でちらっとお話しされた、不登校児へのセラピーの先生の臨床体験の事例がずっと記憶の中に残っていた。それが数年前、でもないが、本になっていた（村山、二〇〇五年）。家に閉じこもっていたクライエントが面接には喜んで出かけるので、母親は「あの先生（セラピスト）はどんな面白い話をするんだろう」と思っていたが、その子は面接では沈黙を続けていた、という。この不思議さが当時の私を捉えたのだが、今読んでも不思議な思いがする。そして、その次に「治療者は沈黙しているクライエントの態度に現れている孤独感、焦燥感を理解し、受容しようとしていたに過ぎなかった」と書かれている。おそらく、クライエントは沈黙しているので、さすがの先生でもなかなか理解できなかったであろう。しかし、話をさせようとしたり、質問したりせず、沈黙のままを受容し、共感的理解の努力を続けられた、ということだろう。そして、変化は起きているのである。凄いケースだと思う。それにしても、セッションでは沈黙しているのにクライエントは喜んで出かけて行っていたとは、どういう面接なんだろう？　私が到達することはないだろうと思える無条件の受容の境地である。

付録　訓練

PCTの訓練は人のやり方に追従するのではなく、そのセラピストがPCTをどう考え、また、どのような臨床実践を体験しているかによって異なる。クライエントは皆、独自の体験世界を生きており、自分の問題に孤独に取り組んでいる。セラピストの訓練も同じである。自分はどこが弱点で、どこが強みかなど、セラピストとしての自分を把握 sense of grip し、あくまでも主体的に自分を鍛えるべく訓練に励むことが必要だと思う。本書では私がやってきたさまざまな訓練を本文中にたくさん書いてきた。以下はそのうち、本文中で十分説明できなかったものなどをピックアップして書いている。本書以外の文献にもあたって、どれが自分に合うか合わないか、どのように修正を加えると自分に合うかなどを考えるための参考資料程度に位置付けてほしい。なお、以下では「〜ことを巡って」という小見出しごとにいくつかの訓練方法をまとめているが、中核条件の三つが絡み合っているように、これらも混ざり合っていることが、やっていけば分かるだろう。

こうして並べてみて改めて気づいたのは、私は傾聴**される**ことを訓練に挙げているが、傾聴**する**訓練を挙げてない、ということである。私自身は大学院時代から応答練習はずっとやったのに載せないのは、今や応答の仕方については世の中にたくさんの本があり、研修会もたくさんあるからである。それぞれの読者がそこから自分に合うものを選んだり、そこから自分独自の訓練を作り出すと良いだろう。私としては、中核条件を doing として捉えるためには、応答の基盤として、相手を感じ取ること、また自分を感じ取ることの訓練に重点を置くべき、と思っている。

なお、どんな訓練であれ、ある程度の負荷はかかるし、なかなか上達しないこともある。私自身、気持ちが折れかかりそうになることが何度もあった。そんな時、どう対応するかは個々のセラピストの考えるべき課題であるが、難し過ぎるなら、あまり無理はしない方が良い、というのが私の考えである。無理をして訓練を続けようとすると、その折れかかりそうな気持ちを感受できない自分を作り上げる訓練になってしまうからである。目的とは反対に自己不一致を膨らますことになる。

クライエント、そして自分をより深く繊細に感じ取ることを巡って

五感トレーニング

私が五感トレーニングと次の離婚融合を始めたのは神田橋先生のご著書（神田橋、一九九〇年）に紹介されているのを読んでからである。ぜひそちらも参照していただきたい。五感トレーニングは五つの感覚をできるだけたくさん同時に使って一つの対象を感受しようとする感受性訓練である。これは、クライエントの言語・非言語の、特に非言語の表出に敏感になることと、クライエントが体験している内的体験を追体験するために自分の感受性の奥行きと感受の体験の幅を広げるために行うものである。

私はこの訓練にはまり込んでやっていた時期、知覚がおかしくなったことが何度かあった。例えば、三〇年近く前のことだが、米国留学中の長期休暇中、アリゾナだったか、砂漠のハイウエーを運転しながら、遠くに見える樹木に対して五感トレーニングをやっていた（危ない！）。随分遠くに見えていたのに、その樹木が突然目の前に現れたように見えたのは驚いた。脳内の知覚システムが何か変わるのだろう。懐かしい思い出である。

離婚融合

これは、イメージ的／身体感覚的に他者の中に入り込むことである。入り込む、といっても、そのつもりになるだけであるが、相手が何を感じ考えているかが感じられてくるまで、入り込んだつもりになるのである。意図的に憑依する（つもりになる）とも言えるだろう。離婚融合して感じることは、実際は自分が感じているだけの推測的感じ取りに過ぎないが、共感的理解の努力とは推測的感じ取りであることを考えると、離婚融合は共感的理解に直接結びつく訓練であるように思われる。私は五感トレーニングをだいぶやっていたので、五感トレーニングによる対象の表出の感じ取りをベースに離婚融合の訓練を重ねた。初めは現実離れした超能力の訓練のように思えて、その体験モードが摑めなかったが、対象をいろいろ試すなどしていた。摑めるようになった気がしたのは、赤ん坊に離婚融合するようになった時だと記憶している。電車の中などで赤ん坊と親との様子を見ながら赤ん坊に入り込んでみると、親に対する赤ん坊の反応が常に微妙に変化している。その変化についていくと、赤ん坊が泣き出す前に、泣き出す気分が感じられて「あっ泣くな」と分かったりした。また、母親が赤ん坊に優しく声をかけても、赤ん坊に離婚融合した私の感覚では、その母親の関わりは赤ん坊の求めているのとは違うようだが、と感じたこともあった。案の定、母親のその声かけに赤ん坊は一層拒否的な泣き声を上げたのだった。だんだん、電車の中で赤ん坊の姿は見えなくても、その声だけに離婚融合するなどして訓練を重ねた。離婚融合が五感トレーニングと異なるのは、〝入り込む〟対象が自分が向き合っている人や近くにいるような人だと、その人に〝入り込む〟ことで、その人を通して自分がどう見ているかを感じる、という体験モードを学べることである。

五感トレーニングと離婚融合の組み合わせの訓練を、次第に対象の幅を広げて行うようになった。この訓練は今でも好きで、音楽、美術作品などに対する五感トレーニングや、その会ったことのない創作者に離婚融合し、その作品を創作中の気分をフォーカシングするなどということを、訓練と思わずにやっている。また作品の名前も知らずに、あるいは知っていても脇に置き、制作中の作者の身体感覚を感じようとする。また、作品にピッタリくる作品名や物語を創造する。私は以前から音楽をよく聞いていたが、この訓練を始めてからその感動の質が濃くなっているのを感じるようになった。また、演奏会場に行って演奏者に離婚融合して聴くと、演奏者はステージ上にいるのに間近で演奏を聴いているように感じることがある。やはり知覚のシステムが何か変化を起こすらしい。

フォーカシング、セラピスト・フォーカシング

これはたくさんの著作があり、ワークショップも盛んなのでそちらで訓練をしてほしい。私は五感トレーニングの前からフォーカシングをやっていたが、そのわりには得意でない。私の経験から思うのは、PCTの実務の観点からはフォーカシングが上手くいかない時は、それを受け入れることの方が大事である。それが自己一致である。そして、例えばフェルトセンスが感じられなければ、それを自分の体験として受け入れたうえで、その「感じられない」という体験を感じようとしてみると、「感じられない」こと自体が実は豊かな体験であると感じられることが多い。また、フォーカシングは指導者によってヴァリエーションがある。合わないものがあって当然であり、その場合もそれを受け入れる方が重要である。その点で、森川（二〇一五年）の著書はフォーカシングの「創作ワーク集」であり、自分に合うようにフォーカシングを創造するというスピリットが全体に流れている点で、私ならお勧めしたい本である。

ところで、フォーカシングを知らない人でも生活のさまざまな局面にフォーカシング的な動きは起こっている。当然、PCTにおいても起っている。例えば、私はこれを書きながらフォーカシングが起こって

いるし、自己不一致の気づきなどは典型的にフォーカシングである。対話系のPCTとしてはフォーカシングはクライエントに誘導するよりもセラピストが自分自身に関して行うこと（吉良、二〇一〇年）と、クライエントに生起しているのを感じ取れる方が実用的である。

クリアリング・スペース

これはフォーカシング技法の始めの部分にあり、頭に浮かぶ考えや感じを脇に置いて、頭の中の体験世界に空間を作るものである。これはクライエントに提示する臨床技法にも発展している。私もそういう技法をクライエントにやってみたが、上手くできなかったのでやめた。今、私が行うのは、把握感 sense of grip を作り出そうとするクライエントの中にクリアリング・スペースの動きが自発した時に、それを手伝う（第五章）ことくらいである。

しかし、セラピストとしての私自身のためのクリアリング・スペースは多用している。私はクライエントを目の前にしてもプライベートやほかの仕事のこと、その日に会った別のクライエントのこと、スーパービジョンや研修会で学んだこと、そして目の前のクライエントが語り続ける話などが頭のなかで溢れかえり、クライエントの話が入ってこなかったり、中核条件のあり様 being になるのに時間がかかることがある。それでも、次第に中核条件のあり様 being が整ってはくるのだが、整うまでの時間を極力減らしたい。そこでクリアリング・スペースを瞬間的に行うのである。セラピー中は瞬時の情報処理でないと間に合わないからである。十分な時間をとれないので当然、不完全である。懸念や雑念が心に占めるスペースが少し小さくなるとか、その圧力が減るくらいであり、心が無になるなどということはないが、それでもやらないよりはずっと良い。

訓練としてはまず、通常のクリアリング・スペースを何度も体験する。スペースができている感じ、そのスペースを作るために内的にどうする doing か、などは無限にあるので、色々とやってみて自分に合う、合わない、を体験する。フォーカシングをする場合は、クリアリング・スペースが十分にできていないほどほどの状態で、見切り発車で次のフォーカシングの手順（たとえば、フェルトセンスを感じる）に実験的に進んでみる。また、普段の生活で会話する際も意識的に瞬間的なクリアリング・スペースをするようにする。こういう訓練をやってみると、「自分がどの程度まで情報が入ってきても自分の共感的理解の程度が八〇％程度は保てる」などの中核条件の being や、そのために自分の中でどの程度の時間をとって（と言っても、ほとんどの場合一秒以下）クリアリング・スペースすればいいのかとか、自分の得意のクリアリング・スペースの体験の型などを感覚的に覚えるようになる。

人の成長を感じることを巡って

一般的な見方とは異なる見方（成長的な見方）をする

普通なら「問題行動」、「○○障害」、「弱点」などマイナスに見られそうな言動を、逆に見るのである。「潜在的な能力が開花しようとしている（実現傾向）現れではないか」、「問題をコントロール下に置こうとしている（把握感 sense of grip）現れではないか」、「困難な状況で自分を何とか守ろうとしている現れではないか」などの見方をするように努めるのである。この見方は、第三章に私が実現傾向として挙げた具体例を読んで、なるほど、と思えた人ならば、実際の言動を観察しなくても、頭だけで考えることがまず一つの訓練になるだろう。しかし、本質的にもっと重要なのは、人の言動の中にこのような成長的な動きが動いていることを五感トレーニングや離婚融合で、実感として感じ取れることである。

人は成長する力があると信じられる自分を整える

文献やメディア情報、自分自身の人との付き合いや観察を通じて、人は成長する力があると信じられる自分を作るのである。医療モデルはその人に「足りないもの」、「できないこと」を見ることが専門家のアセスメントであり、力量であるかのように見られている。公認心理師制度の下ではその見方が唯一のパラダイムであるかのように心理職は日々、洗脳されている。ここに書いた訓練はその逆洗脳とも言える訓練である。事例論文を読んだり検討会に参加して、「人って成長するんだ！」という思いが湧くようであれば、それが他学派のものであってもそれをしっかりと味わうと良い。。

PCAGIP 法

PCAGIP 法の体験は一つは話題提供者として、もう一つはフロアとして、の二種類がある。これは本文に書いたように私にとっては「把握感 sense of grip を求める動き」に気づくきっかけとなる体験であったが、体験する人によってはまた別の意味を見出すかもしれない。質問に答えていくだけで少しずつではあるが変化していくことが話題提供者はよく分かるし、フロアとしても「話題提供者は何を質問されると良いだろうか」、「自分は何を知りたいか」という、相手と自分を重ね合わせて感じる体験になるので、多くの人にとって大きな学びになるだろう、と思う。

ケアされる体験

マッサージされたり、つらい時に優しい言葉をかけてもらったり、手当をしてもらったりする際に、その体験的な感触を十分に味わうことである。それによって、どのようにケアされることで、どのように自分の心身が癒されるかが実感できる。自分がセラピストとして担当するクライエントがどう感じるかは、クライエントによって違うし、もちろん、自分がケアされた感触とも違う。それでも、その自分の感触があることで、傾聴されるクライエントがどう感じるかを味わうための優れた参照枠になる。逆に、このような体験がないままセラピストになることは、この調味料がどんな味がするか自分で試食して感じたことがないままレシピにしたがって料理に使うようなものである。ＡＩによる料理（そんなものがあるのかどうか知らないが、多分始まっているだろう）と変わらない。

ここにはさらに傾聴される体験、換言すればクライエント体験も含まれる。傾聴される感じや自分の中で何がどう動くかを実感することのもう一方で、うまく傾聴されなかったりする場合にどんな風に話しにくいか、考えがどうまとまりにくいか、などマイナス面も十分に経験して実感を摑んでおくことはとても重要である。痛みや悲しさを知っている人だけが人に優しくできる、というのと事情は同じである。うまく傾聴してもらえない体験の感触は貴重な教材である。傾聴の訓練ではクライエント役の方を多めに体験すべきと私は考えている。

マッサージされる経験についてもう一言付け加えておく。これは Mearns & Cooper（2018 / 2021）の第三章冒頭の事例のような、セラピストとクライエントが融合しているような体験世界と同種の体験になることがある。そうなるかどうかの大部分はマッサージを受ける側の心的構えによる。マッサージを受ける際に、マッサージ師が、私の身体をどんな風に感じながら押しているのか、ということをマッサージ師に離婚融合しながら感じようとするのである。自他の区別が分からなくなるくらい深い体験世界になる。マッサージを受ける体験には別の訓練の側面がある。マッサージを受けながら「そこはもう少し強く」などと注文を付けながら受けるのと、全てお任せして受けるのとでは、主体感 sense of grip が全然違うのだが、その違いによってマッサージを受けている自分の感じがどう違うかが実感できる。また、マッサージ師が押しているにも拘らず、自分が注文を出しているので、自分が自分を押しているような感じも入り込んできたりする。特に、マッサージ師がこちらの心身を感じとる能力が高いと自他の区別がやや溶け合う感じの体験にもなる。こういう経験の後に、今度は自分がマッサージをする側になって身近な人にやってみると良い。単に押すのではなく、相手の身体を自分の身体のように感じながら押す感じが摑めるだろう。これも深い関係性 relational depth や共感的理解を高めるための実践的な訓練である。

無条件に受容する人間観を養うことを巡って

成長的な観点、実現傾向の観点

人の言動を成長的な観点から、あるいは実現傾向の観点から見ることができると無条件の受容が起こりやすい。例えば、「この人は成長している」とか「背のびしようとしている」、あるいは「この人にとっては時間をかけてこの課題に取り組むことに意味があるのだろう」、「この人の内なる実現傾向の萌芽かもしれない」などと見る癖をつけるのである。しかし、これらの言葉には理屈（〝課題に取り組むことに意味がある〟）や専門用語（〝実現傾向〟）が入っていて〝固い〟。本来は「かわいいなあ」とか「生き生きしていいなあ」などの、思わず口をついて出るような、素朴にポジティブな感想レベルのものや、言葉にならないフェルトセンスレベルのものが出てくるとよい。「かわいい」とか「生き生きして」というのは若い人やエネルギッシュな人を対象としたような言葉であるが、おそらく、人生の重みを受け止めようとする人などにも実現傾向の現れがあるのではないか、と思う。「おそらく」と書いたのは、私がまだそこまで感じ取れないからである。

成長的な観点としては、私は把握感 sense of grip が最も感じられやすいが、そうでない人もいるだろう。自分に合う成長的な観点を持てるほうが、おそらく無条件の受容の基盤を作りやすいだろう。私がそうだったのだが第三章に書いたように、そういう観点を持てない人は、自分を訓練で整える必要がある。そのためには、上に書いたように〝固い〟見方ではあっても、その見方を普段の生活でいつも携えて人や動物を観察すると、少しずつそういう風に見えてくるというのが私の経験である。私は初めは視覚情報を中心にした感じ取りであったが、次第に視覚情報がなくても感じられるように訓練し、最後は文字情報だけで感じられることを目指した。他学派が病理と見るような言動でも、そこにクライエントの内部で動く成長力を想像し、感じるようにしていくのである。事例検討会などではクライエントに関するさまざまなインテーク情報などが出てくるが、それらもクライエントの肯定的な面を示す情報として捉える訓練をするのがよい。私の経験ではそのようにまとまるのが癖になっている頃には、クライエントに対して無条件の受容する眼差しが自然に起こるようになっている。

ここに「私の経験」と二度も書いたのは、スーパーバイザーを見ていると、そういう眼差しを元々持っていて訓練の必要のない人が、ごくたまにいたからである。そういう人のセラピーは、その人が何を言ってもクライエントは無条件に受容されていると感じられているように、私には見える。その反対に、そういう眼差しを持てない人もたまにいる。そういう人は、そのような眼差しを何とか頑張って持たないようにしているような感じがある。

さまざまな考え方に触れる

これはPCTのセラピストに限らず社会人として大事なことである。クライエントはそれぞれ社会や生き方に関する「感じ／考え」を持っている。クライエントの数だけあると言えるだろう。どのクライエントに対しても無条件に受容する気持ちが動くには、自分が反対意見を言いそうな「感じ／考え」も含め、多様な考え方に触れ、その考え方を理解しておくほうがよい。セラピストの幅が狭いと、クライエントが問題を語っても「それは人間として間違っていると思う」というような否定的な感情が起きることが多くなり、受容どころではなくなるからである。とはいっても、セラピストが個人として社会や生き方に関して自分の考えを持つべきでない、という意味ではない。

理想的なのはクライエントと違う自分の考えを持ち、それをクリアリング・スペースなどで脇に置き、クライエントの考えに共感し無条件の受容の気持ちが湧くような自分を整えることである。これは中核条件の全てが満たされている。そのためには、クライエントと違う自分の考えを持つことが極めて重要である。自分の考えをしっかり受容できている人だからこそ、自分と違う考えを持つクライエントに無条件の受容が湧きやすくなるからである。クライエントの話に頷くばかりで、自分の考えを持たないセラピストは他者性 otherness がないため、クライエントはそこからどっしりとした重みのある受容を感じられない。以上をまとめると、「社会的な問題意識を高める」ことは社会問題に関する多様な考えを納得できるようになっておくことと、自分の考えを持てるようになることを目指す訓練である。

ほかの職種を考える

ほかの職種を考える癖をつけることをお勧めする（第二章参照）。援助者側の関わりという点や、援助を受ける側の体験という点で、普段の生活の中で他職種のケアを受けたり観察して、心理療法という狭い枠組みを超えて、広い視野からＰＣＴを考えるのである。そこから、他職種という枠も超えて人と人との関係というさらに広い枠組にまで視野を拡大してＰＣＴを考える癖をつけることもいい訓練になる。例えばある映画を見て生きる勇気を得た、としよう。その時、その映画の感動は自分の何を刺激しているのか？を考えてみるのである。あるいは、指揮者が変わると同じオーケストラが同じ曲を演奏しても、まるで別のオーケストラであるかのようにプレーヤーたちがシャープな音を出し、音楽に没頭しているのは、指揮者の何が違うのか？　を考え、離婚融合によって感じてみるのである。そうすることで他職種と共通する支えや、ＰＣＴ独自の支えの質感が感じられるようになる。

ほかの活動を体験し、考える

職種だけでなく、ほかの活動もＰＣＴと比較して考えてみることが有用である。セラピーでクライエントはセラピストと話をするが、普段の生活では人と話をする以外にもたくさんの活動をする。その中で比較的セラピーに近いのは日記を書くとか、読書をするとか、音楽を聴く、身体を動かすなどである。これらはいずれもセラピーとしても知られている。そういうことを自分で体験して、対話のＰＣＴと比較してみると、クライエントがセラピストからの支えを受けずに自分で問題に対応できるように変化する感覚が分かることがある。また、セラピーとしては知られていないような活動、例えば日々の生活のルーティンだとか、忙しい毎日を送ったり、グダグダと過ごしたりとか、通勤や通学、買物で外出したり、ネットサーフィンをしたりなど、さまざまな活動がそれぞれどう心に影響するか、特にどう心を癒すか、を体験し、ＰＣＴとの類似点や相違点を考えることも有用である。

哲学する

第八章に無条件の受容に関する自問の例をいくつか掲げた。それに近い論考として並木崇浩さんはＰＣＴの訓練で今まで言及されなかったが重要なものとして、〝哲学する〟ことを論じている（並木、二〇一八年）。哲学は心理学の源流にあるが、心理学をやる人の中に哲学に関心を持つ人は少ない。この論文は、自ら問いをたてて自身の being を考えることを「哲学する」というアクティブな用語を用いてＰＣＴの訓練として論じているものであるが、この論文自体が並木さん自身の自問から生まれていることが分かるので二重の意味で興味深い（学術誌「人間性心理学研究」に掲載の論文であるが、インターネットでも読める）。彼は今、そこからさらに進めて「哲学対話」という訓練方法を完成させつつある。

コラム　生きること自体が臨床？

まだ大学院生だった頃、村山正治先生が「生きること自体が臨床だ」とおっしゃったことがあった。その時はあまり意味が分からなかった。河合隼雄先生もどこかに「生きることはそれだけで大変なことだ」と書いていたが、それも意味が分からなかった。が、長いこと生きてきて、だいぶその意味が分かってきた気がする。生きること自体が確かに大事業であり、芸術である。私はこの年でそれが分かってきたくらいだが、クライエントの中には一〇代とか二〇代で生きることが苦痛に満ちた大事業であると感じている人がいる。私はそれだけでそのクライエントに敬意を表する気になる。その敬意は私のオーラに現れている（第六条件）だろうと思う。

村山先生のその言葉は長い時間を経てようやく、私の中で、日常を生きることとセラピー実践は連続している、を意味する言葉として収束していった。日常とセッション中が連続するためには私には理論書は役立たなかった。頼れるもののない中で共感性を高める訓練と日々のセラピーをやっているうちに、日常生活のどういう場面で自分が連続し、どういう場面で不連続になるか、どういう感覚は連続性が保たれるか、などを内省する癖をつける方が有用であることが分かってきた。

中核条件を基本とするＰＣＴの実践の現実は普段の生活での訓練がつながってい

るので、セラピー用の訓練も必要であるが、普段の日常をどう生きるかということも大きな意味を占めている。「大量破壊兵器を所持している」という、のちに間違いだったことが判明することを理由にしてアメリカがイラクに侵攻したこと（イラク戦争）に関して、アメリカ国民の半数が賛成した、というニュースを聞いた時、半数もいるのだから、その中には心理療法のセラピストもいるだろうと私は思った。セラピーで心の痛みを持つ人の話を傾聴しながら、一方で自国のイラク侵攻を支持するセラピストは、臨床実践と普段の生活の間に連続性がないように、私には思えた。

おわりに

今まで中核条件のうちの一つについて論文を書いたり、「パーソン・センタード・セラピー」全体について論じたり紹介する文章を書くことはありました。しかし、今回は中核条件のそれぞれを論じ、また全体を通しても論じるという、書き下ろしの著書です。相当に大変な仕事になるだろうということはあらかじめ分かっていました。また、内的あり様 being という、本来言語になじまない中核条件を言語で書くのだから、非常に難しい仕事に取り組むことになることも分かっていました。しかし、その予想は甘かったです。

中核条件の内面を書くことは密林で覆われた大陸のジャングルを磁石も持たずに歩くようなものでした。巨大なテーマの山をようやく登り詰めたと思ったら、違う山を登っていたと気が付いた、というようなことが何回あったでしょう。さ迷った末にようやく見通しのいい平原に出たと思ったら、出発点に戻っていただけだった、というようなことも数えきれないほどあります。書き始めたのはもう五～六年前なので今、ＵＳＢに収められた原稿のファイルの数を見ると三〇〇以上はあります。設計図にあたる本書の構成のファイルもいくつも作りましたが、書いているとまとまらなくなり、何度も一人でＫＪ法をやって全体の構成を練り直しました。

執筆の途中三年近くは『「深い関係性」がなぜ人を癒すのか』(Mearns & Cooper, 2018 / 2021)の翻訳の作業とも重なりました。また、勤務する関西大学の組織が専門職大学院から心理学研究科に変わる時期に研究科長をやっていました。

ある時、本書にも書いているランニング中に意識を失ってしまいました。あの日は土曜日で、ランニングに出かける前も一日中パソコンの前に座っていました。夕日が落ちて夜になり、いつものようにランニングに出かけようとしました。その日唯一の外出です。いつもランニングしながらも原稿を考え続けるのがルーティンなのですが、その日は出かける直前、何だか頭が働いていませんでした。走り始めると体が何となく重いのですが、それよりも変だったのは頭のほうでした。いつものように考えようとしても脳がフワフワしていて連想が湧かないし、直前までパソコンで書いていた文章がさっぱり思い出せないなあ、と思いながら走っていたのです。と、気づいた時はアスファルトの道路で横になっていました。車のライトが近くまで来ていました。運転手も驚いたことでしょう。検査入院を一〇日ほどしたのですが、異常は見つからず、仕事に復帰しました。

しかし、今はそのことを懐かしく思い出す、というよりも、それだけ苦労したわりにどの程度の内容が書けたか? の方が気になっています。私は当初、想定する読者の幅を絞ったつもりでしたが、その絞り込まれた読者の中にもベテランから初学者までいるので、読者によってある部分は冗長になり、またある部分は舌足らずになり、ということになってはいないか、というのが気がかりです。言い訳ですがスーパービジョンであれば、そのスーパーバイジーに合わせて表現を変えることができます。しかし、不特定多数の読者を相手にする著書にはそういうわけにいかない難しさがあります。この難しさがあることは取り組む前には想定していませんでした。また、私はセラピーでもスーパービジョンでも授業でも、相手(クライエントやスーパーバイジー、学生）が「セラピー（あるいは指導）を受けてよかった」と、身体感覚的に実感しないと納得できない、という職業病のような拘りがあり、実感できないと落ち着かないのです。著書の執筆は読者の表情を見ることができないので、私のその職業病は本書の執筆中、〝悪化する〟ことが分かりました。この職業病についても取り組む前には想定していませんでした。また、分厚い本にしたくなかったので（それでも分厚いでしょうか）内容を絞り、基本的なことを中心にした著書になってしまいました。それでも、「私の『何をするのか doing』」（第一章）をある程度は示したつもりですが、いかがでしょうか。

本書を買ってくださった方に対しては、せっかくお金を払って買ったのだから、買ってよかった、と思っていただけたらいいのですが、いかがでしょうか。何か少しでもお役に立てると嬉しいです。

ここまで、お読みいただき、有難うございました。

令和四年七月三一日

中田行重

Bohart, A. & Tallman, K. (1999). *How clients make therapy work: The process of active self-healer*, Washington, DC: APA.
Gendlin, E. T. (1982). *Focusing*, New York: Bantam. 村山正治・都留春夫・村瀬孝雄（訳）『フォーカシング』福村出版、一九八二年。
Gendlin, E. T. (1996) *Focusing-oriented psychotherapy: A manual of the experiential method*, New York / London : Guilford Press. 村瀬孝雄・池見陽・日笠摩子（監訳）『フォーカシング指向心理療法〈上〉〈下〉』金剛出版、一九九八年。
Grant, B. (1990). Principled and instrumental nondirectiveness in person-centered and client-centered therapy. *Person-Centered Review*, 5(1), 77–88.
池見陽『心のメッセージを聴く——実感が語る心理学』講談社、一九九五年。
神田橋條治『精神科診断面接のコツ』岩崎学術出版社、一九八四年。
神田橋條治『精神療法面接のコツ』岩崎学術出版社、一九九〇年。
神田橋條治「ロジャース・村山・ジェンドリン」村山正治（編）『ロジャース学派の現在（現代のエスプリ別冊）』至文堂、二〇〇三年、二六六－二六九頁。
吉良安之『セラピスト・フォーカシング——臨床体験を吟味し心理療法に活かす』岩崎学術出版社、二〇一〇年。
久能徹・末武康弘・保坂亨『改訂　ロジャーズを読む』岩崎学術出版社、二〇〇六年。
Lambert, M. (1992) Psychotherapy outcome research: Implications for integrative and eclectic therapists. In M. Goldfried & J. Norcross (Eds.) *Handbook of psychotherapy integration* (pp. 94-129). New York : Basic Books.
Lietaer, G. (1984). Unconditional positive regard: A controversial basic attitude in client-centered therapy. In R. F. Levant & J. M. Shlien (Eds.), *Client-centered therapy and the person centered approach: New directions in theory, research and practice* (pp.41–58). New York: Praeger.

Mearns, D. (2004) Problem-centered is not person-centered. *Person-Centered and Experiential Psychotherapies*, 3(2), 88-101.

Mearns, D. & Cooper, M. (2018). *Working at relational depth in cpunselling and psychotherapy, second edition*. London: SAGE Publications. 中田行重・斧原藍（訳）『「深い関係性（リレイショナル・デプス）」がなぜ人を癒すのか――パーソン・センタード・セラピーの力』創元社、二〇二一年。

三國牧子・本山智敬・坂中正義（編）『ロジャーズの中核三条件　共感的理解――カウンセリングの本質を考える３』創元社、二〇一五年。

森川友子『フォーカシング健康法――こころとからだが喜ぶ創作ワーク集』誠信書房、二〇一五年。

本山智敬・坂中正義・三國牧子（編）『ロジャーズの中核三条件　一致――カウンセリングの本質を考える１』創元社、二〇一五年。

諸富祥彦『カール・ロジャーズ――カウンセリングの原点』角川書店、二〇二一年。

村山正治「あとがき」村山正治・藤中隆久（編著）『クライエント中心療法と体験過程療法――私と実践との対話』ナカニシヤ出版、二〇〇二年、二三五－二三七頁。

村山正治『ロジャースをめぐって――臨床を活きる発想と方法』金剛出版、二〇〇五年。

村山正治『スクールカウンセリングの新しいパラダイム――パーソンセンタード・アプローチ、PCAGIP、オープンダイアローグ』遠見書房、二〇二〇年。

村山正治・中田行重（編著）『新しい事例検討法 PCAGIP 入門――パーソン・センタード・アプローチの視点から』創元社、二〇一二年。

中田行重「Rogers の中核条件に向けてのセラピストの内的努力――共感的理解を中心に」『心理臨床学研究』第三〇巻、第６号、二〇一三年、八六五－八七六頁。

Nakata, Y. (2014) Internal actions for empathic understanding through a bodily-affective mode of sensing. *Person-Centered & Experiential Psychotherapies*, 13(1), 60-70.

中田行重「パーソン・センタード・セラピストという自覚」飯長喜一郎・園田雅代（編著）『私とパーソンセンタード・

アプローチ』新曜社、二〇一九年、二三三-二四七頁。

並木崇浩「パーソン・センタード・セラピストが'哲学する'意義——beingとセラピストの自己の利用の観点から」『人間性心理学研究』第三六巻、第一号、二〇一八年、六九-七七頁。

Rogers, C. R. (1957). The necessary and sufficient conditions of therapeutic personality change. *Journal of Consulting Psychology*, 21(2), 95-103. 伊東博・村山正治（監訳）『ロジャーズ選集（上）——カウンセラーなら一度は読んでおきたい厳選33論文』誠信書房、二〇〇一年、一五一-一六一頁。

Rogers, C. R. (1961a). Ellen West and loneliness. Review of Existential Psychology and Psychiatry , 1(2), 94-101. In H. Kirschenbaum & V. L. Henderson (Eds.), (1989). *The Carl Rogers reader*. Boston: Houghton Mifflin. 伊東博・村山正治（監訳）『ロジャーズ選集（上）——カウンセラーなら一度は読んでおきたい厳選33論文』誠信書房、二〇〇一年、一九二-二〇五頁。

Rogers, C. R. (1961b). A therapist's view of the good life: The fully functioning person. In H. Kirschenbaum & V. L. Henderson (Eds.), (1989). *The Carl Rogers reader*. Boston: Houghton Mifflin. 伊東博・村山正治（監訳）(2001)『ロジャーズ選集（下）——カウンセラーなら一度は読んでおきたい厳選33論文』誠信書房、二〇〇一年、一九〇-二〇四頁。

Rogers, C. R. (1973) The interpersonal relationship: The core of guidance. In C.R. Rogers & B. Stevens (Eds.) *Person to person: The problem of being human* (pp. 89-103). London: Souvenir Press. 畠瀬稔・畠瀬直子（訳）『人間の潜在力——個人尊重のアプローチ』創元社、一九八〇年。

Rogers, C. R. (1986) Reflection of feelings and transference. *Person-Centered Review*, 1(4) 1986, and 2(2) 1987. 伊東博・村山正治（監訳）『ロジャーズ選集（上）——カウンセラーなら一度は読んでおきたい厳選33論文』誠信書房、二〇〇一年、一五一-一六一頁。

Rogers, C. R. (1989). A client-centered / Person-centered approach to therapy. In H. Kirschenbaum & V. L. Henderson (Eds.), (1989). *The Carl Rogers reader* (pp. 135-152). Boston: Houghton Mifflin. 伊東博・村山正治(監訳)(2001)『ロ

ジャーズ選集（上）——カウンセラーなら一度は読んでおきたい厳選33論文』誠信書房、二〇〇一年、一六二–一八五頁。

佐治守夫・飯長喜一郎（編）『新版　ロジャーズ　クライエント中心療法——カウンセリングの核心を学ぶ』有斐閣、二〇一一年。

坂中正義（編著）（2017）『傾聴の心理学——ＰＣＡをまなぶ：カウンセリング／フォーカシング／エンカウンター・グループ』創元社、二〇一七年。

坂中正義・三國牧子・本山智敬（編著）『ロジャーズの中核三条件　受容：無条件の積極的関心——カウンセリングの本質を考える2』創元社、二〇一五年。

Sanders, P. (2003). Introduction-read this first. In P. Sanders (Ed.). *The tribes of the person-centred nation: A guide to the schools of therapy associated with the person-centred approach* (pp.vii-xvii). Ross-on-Wye: PCCS Books. 近田輝行・三國牧子（監訳）(2007)・『パーソン・センタード・アプローチの最前線——PCA 諸派のめざすもの』コスモスライブラリー、二〇〇七年、ix-xx 頁。

Warner, M. S. (2000). Person-centred therapy at the difficult edge: A developmentally based model of fragile and dissociated process. In D. Mearns & B. Thorne (Eds.), *Person-centred therapy today: New frontiers in theory and practice* (pp. 144-171). London: Sage.

著者略歴

中田行重（なかた・ゆきしげ）

関西大学心理学研究科教授。桂メンタルクリニック（京都）カウンセラー。臨床心理士。公認心理師。PCA-Kansai代表。フォーカシング、エンカウンター・グループの研究から現在のパーソン・センタード・セラピーの研究に至る。著書に『地域実践心理学——支えあいの臨床心理学へ向けて』（共著、ナカニシヤ出版、2005）、『問題意識性を目標とするファシリテーション——研修型エンカウンター・グループの視点』（単著、関西大学出版部、2006）、『「深い関係性」がなぜ人を癒やすのか——パーソン・センタード・セラピーの力』（共訳、創元社、2021）などがある。

パーソン・センタード・セラピーの実務《じつむ》
臨床現場《りんしょうげんば》における
把握感《はあくかん》 sense of grip と中核条件《ちゅうかくじょうけん》

二〇二二年九月二〇日　第一版第一刷発行

〈著　者〉中田行重
〈発行者〉矢部敬一
〈発行所〉株式会社 創元社
本　　社 〒五四一-〇〇四七 大阪市中央区淡路町四-三-六
電　話 〇六-六二三一-九〇一〇(代)
FAX 〇六-六二三三-三一一一(代)
東京支店 〒一〇一-〇〇五一 東京都千代田区神田神保町一-二 田辺ビル
電　話 〇三-六八一一-〇六六二(代)
https://www.sogensha.co.jp/
〈印刷所〉株式会社 太洋社
装丁・本文デザイン 長井究衡

ISBN978-4-422-11787-4 C3011